HIER+JETZT

1
Der Theatermusiker, 1929.

Den Ton getroffen Tibor Kasics

PETER MICHAEL KELLER KATHRIN SIEGFRIED

EIN MUSIKALISCHER GRENZGÄNGER

2004 HIER + JETZT, VERLAG FÜR KULTUR UND GESCHICHTE, BADEN

1904 – 1951 UNTERWEGS

1951 – 1986 ANGEKOMMEN

VORWORT Wer das Glück hat, in Tibor Kasics' Notenmaterial, in seinen Briefen und Notizen oder in den gesammelten Zeitungsartikeln stöbern zu dürfen, und wer die Möglichkeit hat, mit Angehörigen und Freunden über ihn zu reden, oder mit jenen, die mit ihm zu tun hatten, dem wird unverhofft ein schillernder Zeuge fast eines ganzen Jahrhunderts begegnen: ein musikalischer Zeitzeuge par excellence, der in allen Bereichen der Kultur zu Hause war, wo Musik gebraucht und gelebt wurde.

Wer sich das Leben dieses Musikers genauer anschaut, dem wird aber auch die Zeit begegnen und das Land, in dem er lebte, die politischen Verhältnisse und die Gesellschaft, mit ihren Ausdrucksformen und Medien, die sich fortlaufend entwickeln und verändern.

Und schliesslich wird einem noch etwas begegnen: eine Familiengeschichte. Die Geschichte einer Künstlerfamilie, mit ihren Ansprüchen und Eigenheiten, den Konflikten und den Sehnsüchten, die sie ausmachen.

Tibor Kasics wäre in diesem Jahr 100 Jahre alt geworden. Zu seiner Ehre unternimmt dieses Buch eine Zeitreise, eine Reise, bei der zu jeder Zeit und an jedem Ort fast alles passieren kann – und auch passiert.

Ohne das Interesse und die Grosszügigkeit von Schweizer Stiftungen, Behörden, Institutionen, Firmen und Privatpersonen wäre dieses Buch nicht zustande gekommen. Dafür sei ihnen ausdrücklich gedankt:

Präsidialdepartement der Stadt Zürich, Zürcher Radio-Stiftung, Pro Helvetia, Kanton Zürich – Fachstelle Kultur, Migros-Kulturprozent, Familien-Vontobel-Stiftung, SRG SSR idée suisse, Zürcher Kantonalbank, Zuger Kulturstiftung Landis & Gyr, Ulrico Hoepli-Stiftung, SUISA-Stiftung für Musik, Stiftung der Schweizerischen Landesausstellung 1939, Dr. Adolf Streuli-Stiftung, Cassinelli-Vogel-Stiftung, Bank Leu AG, Frau Helge Werth, Ulla Kasics, Mischa und Barbara Kasics Rüegg und Stephanie Glaser.

Danken möchte ich auch jenen, die durch ihre Arbeit und Mitarbeit das Buch ermöglicht haben, allen voran Kathrin Siegfried und Peter Michael Keller, die das Wagnis auf sich nahmen, in den unerschöpflichen Nachlass und das wahrlich abenteuerliche Leben meines Vaters einzutauchen. Ebenso Regula Bochsler, die Idee und Anstoss zum Buch gegeben und es redaktionell mitgestaltet hat. Und schliesslich Daniel Fueter für die Würdigung von Tibor Kasics' musikalischem Arbeiten und allen, die sich mit ihren persönlichen Schilderungen in den Strudel ihrer eigenen Erinnerungen begeben haben.

Kaspar Kasics

1904 – 1951

UNTERWEGS

2
Frühes Zeugnis der Begabung, von Ilona Durigo notiert und betitelt: «Tibors erste Komposition im Sommer 1912 in Zugliget als Eingang zum Eva-Walzer.»

BEGABUNG UND BERUF

«Tibor Kasics war ein Mensch, nach dem man sich umdrehte, wenn er vorbeiging.» Diese Einschätzung des Schauspielers und Regisseurs Paul Lohr würden die meisten teilen, die Tibor Kasics jemals begegnet sind. Auffallend waren seine ausgeprägten Gesichtszüge mit schwarzen, buschigen Augenbrauen und die kräftige Statur – «mittlerer Wandschrank», gab er selbst einmal für einen Steckbrief in der Radio-Zeitung zu Protokoll. Doch noch bemerkenswerter war Tibor Kasics in Aktion. Musizierte er, «bewegte sich das Klavier durch den Raum»,[1] wenn er ass, «bekam man Hunger vom Zuschauen»,[2] und wenn er niesen oder gähnen musste, dröhnten die Räume.[3] Was er ausstrahlte, waren Kraft, Energie und Schwung. Oder, wie Felix Rellstab, der Leiter der Schauspiel-Akademie, es ausdrückte: Swing. Zweifellos war diese Ausstrahlung angeboren. Sie war aber auch Ausdruck der vielfältigen Erfahrungen, die Tibor Kasics in seinem ungewöhnlich bewegten und lange Zeit von intensiver Suche geprägten Leben sammelte.

KINDHEIT IN BUDAPEST Als Ilona Durigo 1886 als Fünfjährige zum ersten Mal am Klavier auftrat, konnte sie nicht ahnen, dass dieses Ereignis auch das Leben ihres späteren Sohnes Tibor entscheidend beeinflussen würde. Mit ihrer Mutter Muci spielte sie erstmals öffentlich ein vierhändiges Klavierstück von Diabelli: Dieser Auftritt für den Budapester Buchdruckerverein erwies sich als Anfang einer internationalen Musikerkarriere. Ilona Durigo war ein Wunderkind. Sie besass das absolute Gehör, begann mit vier Jahren Klavier zu spielen und lernte wenig später auch Geige. Darüber hinaus war sie ausserordentlich sprachbegabt. Die Musikalität kam von der Mutter, die mit Klavierstunden die Finanzen der Familie aufbesserte. Auch der leichte Umgang mit Sprachen erstaunt nicht in einer Familie mit mehrsprachigen Eltern (Ungarisch, Deutsch, Italienisch). Als Ilonas Vater Johann Durigo das Talent seiner jüngsten Tochter erkannte, ermöglichte er ihr eine Ausbildung an der Musikakademie Budapest. Er starb jedoch, bevor er erleben konnte, wie Ilona, nach Abschluss der Handelsschule, in Budapest und Wien das Klavier- und auch das Gesangsdiplom mit Auszeichnung erlangte. Nach raschem beruflichem Erfolg als Sängerin heiratete sie mit 22 Jahren den Ministerialbeamten Dr. Ozman Kasics – einen jungen Mann, der als Staatsangestellter vor einer viel versprechenden Karriere stand. Auch er war sehr musikalisch und Besitzer eines Klavierdiploms.

Tibor Kasics wurde am 28. Dezember 1904 in Budapest geboren. Er wuchs in einem Haushalt auf, der von der Abwesenheit der Mutter, manchmal sogar beider Eltern geprägt war. Ilona Durigo begann nämlich in diesen Jahren ihre glänzende Karriere als Lieder- und Oratoriensängerin, die sie zu Konzerten in ganz Europa führte. Wenn es die Arbeit im Ministerium erlaubte, begleitete Ozman Kasics seine Frau und übernahm den Part des Pianisten. Tibor und seine zwei Jahre jüngere Schwester Ilonka wurden in der Zwischenzeit von Bediensteten und vor allem von der Grossmutter betreut, die sie über alles liebten. Muci Durigo war nach dem Tod ihres Mannes in den Haushalt der Tochter gezogen und wurde für Enkelin und Enkel zum emotionalen Zentrum. Dass die Kinder ihre Mutter trotzdem stark vermissten, bezeugen zahlreiche Briefe aus Budapest in die diversen europäischen Metropolen. So schrieb der 14-jährige Tibor in leicht fehlerhaftem Deutsch:

> Meine geliebte Mutter!
> Mir tut es sehr leid, dass Du noch immer nicht zuhause bist. Wann wirst Du überhaupt hier sein? Diese Weihnachten war so leer: Ohne Vater, ohne Mutter, und auch nicht zusammen mit Grossmama! Hoffe, dass diese Weihnachten war das letzte traurige Weihnachten. Denn es war wirklich traurig. Es war so eine deprimierte Stimmung. Jede wollte froh sein, sich freuen, aber ist nicht gelungen. Auch ich habe so ein sonderbares Gefühl gehabt, als wenn es eine Traum wäre. Und es ist gar keine Aussicht zu Deiner Heimreise.[4]

Auch die Briefe von Tibors Schwester Ilonka sprechen von der Sehnsucht nach der Mutter und sind beherrscht von einer Frage: «Wann kommst Du nach Hause?»[5]

In der Familie Kasics-Durigo wartete man geradezu darauf, dass die Kinder Musikalität bewiesen. Als kleiner Junge

hörte Tibor seine Mutter im Nebenzimmer Arien singen. Schon bald versuchte er, es ihr gleichzutun. Dabei stellte sich heraus, dass er wie sie das absolute Gehör besass. Die Eltern förderten daraufhin seine Begabung mit Klavierunterricht, und mit zehn oder elf Jahren spielte er zum ersten Mal öffentlich eine Mozart-Fantasie.[6]

Tibors Jugend wurde nicht nur durch die Karriere der Mutter, sondern auch durch die besonderen historischen Umstände geprägt. Nach Ausbruch des Ersten Weltkriegs wurde Ozman Kasics 1915 eingezogen und geriet schon bald in russische Kriegsgefangenschaft, von der er erst fünfeinhalb Jahre später zurückkehren sollte. Dadurch entstand zu Hause ein Autoritätsvakuum, das besonders in Tibors musikalischen Bemühungen deutliche Spuren hinterliess. Er spielte nun häufiger mit seinen Freunden Fussball und unternahm wilde Bootsfahrten auf der Donau. Um die Erziehung ihres Sohnes in festere Hände als die der gutmütigen Grossmutter zu geben, suchte Ilona Durigo ein geeignetes Internat. Für Tibor bedeutete das aber nicht Bestrafung, sondern eher Befreiung. Er bat sogar darum, nach den Ferien wieder ins Institut nach Ödenburg zurückkehren zu dürfen.[7]

EMIGRATION IN DIE SCHWEIZ Inzwischen wurden Ilona Durigos Konzerttourneen, mit denen sie die Familie ernähren musste, durch den Krieg zunehmend behindert. Das Reisen gestaltete sich immer schwieriger, und als im Frühjahr 1919 in Ungarn eine sozialistische Räterepublik ausgerufen wurde, beschloss die Sängerin, mit ihrer Familie auszuwandern. Ziel war zunächst Holland, wo sie zahlreiche

3
Ilona Durigo 1908, mit 28 Jahren eine international bekannte Lieder- und Oratoriensängerin.

4
Tibor Kasics, Budapest 1913.

5

Programm eines gemeinsamen Auftritts von Ilona Durigo und Tibor Kasics in der Zürcher Tonhalle, 1941.

6

Tibor Kasics in Berlin, 1930.

Freunde hatte. Dort erreichte sie der Ruf von Volkmar Andreae. Der Direktor des Zürcher Konservatoriums bot ihr an, eine Meisterklasse für Gesang zu führen. So kam Ilona Durigo 1919 mit ihrer Mutter und den beiden Kindern in die Schweiz. Ein Jahr wohnte die Familie in St. Gallen, dann zog sie nach Zürich.

Erneut vertraute Ilona Durigo Tibors Ausbildung einem Internat an und fand für ihn einen Platz im Land-Erziehungsheim Hof-Oberkirch, Kaltbrunn. Tibor war von der Schule begeistert. Seine Briefe an die Mutter waren ein einziges Loblied auf den Schulalltag und die ländliche Umgebung. Besonders beeindruckt berichtete er vom freundschaftlichen Umgang zwischen Lehrern und Schülern, wie er im ungarischen Schulsystem undenkbar gewesen wäre:

> Es ist hier einfach herrlich. Man hat so eine Freiheit, und das Verhältnis zwischen dem Lehrer und dem Schüler ist ganz freundlich. Als die Lehrer keine Vorgesetzte sein hätten. Meine Lage hier ist sehr gut. Die Buben sind sehr nett und freundlich mit mir, die Lehrer auch. Einer hat sogar schon gesagt, er sei zufrieden mit mir, weil er sieht, wie ich tüchtig den französischen Sprache arbeite. Ich kann kaum aussagen, wie ich mich wohl fühle.[8]

Tibor lernte eifrig Schweizerdeutsch und arbeitete sich in neue Schulfächer ein. Er begann auch wieder, ernsthaft Klavier zu spielen. Im Oktober 1919 berichtete er nach Hause:

> Vor einigen Tagen hat die ganze Klasse einen grossen Spaziergang gemacht. Nach Lachen, über die Brücke bei Hurden nach Rapperswil. Der Spaziergang war etwa 16–18 Kilometer. Während dem Marsch habe ich Handorgel gespielt und gesungen ungarische Lieder. In Rapperswil haben wir Kahnen gemietet und gerudert. Es war wunderschön auf dem See. Nachher sind wir ins Conditorei hineingegangen und haben feines Gefrorenes gegessen. Es war sehr lustig, schön. Ich werde kaum in meinem Leben vergessen.
>
> Ich übe sehr viel. Mit Rist spiele ich Beethoven Sonaten, sind sehr schön. Ich übe besonders von Blatt spielen. Mit einem Lehrer habe ich vierhändig (vom Blatt!!!) Haydn Symphonien gespielt (Die Nummer weiss ich nicht). Es ist wunderbar leicht gegangen, ich habe grosse Freude daran gehabt. Lerne vom Rist fleissig französisch. Und zwar folgendermassen: wir machen Spaziergänge in dem ich französisch rede wo möglich. Er hilft dann, sagt wie es ist, und so lerne ich spielend, mit Vergnügen französisch.[9]

Tibor genoss den neuen Schulalltag in Hof-Oberkirch. Besonders stark sprach der Junge auf die individuelle Förderung an, die sein Selbstvertrauen stärkte. Den Brief an die Mutter schliesst er selbstbewusst mit Küssen von «Deinem immer wachsenden Sohn Tibor».

Während sich seine Familie in der Schweiz fest einrichtete, wurde Ozman Kasics aus der Kriegsgefangenschaft in Sibirien freigelassen. Ihm wäre es wohl lieber gewesen, sein früheres Leben in Budapest als angesehener Ministerialrat, Familienvater und gelegentlicher Begleiter seiner Frau fortzusetzen. Doch Ilona Durigo hatte in der Schweiz nicht nur eine hervorragende Anstellung gefunden, sondern auch einen grossen Freundeskreis gewonnen. Einmal mehr musste sich Ozman Kasics den Umständen beugen und folgte seiner Familie nach Zürich. Es mag für ihn schmerzlich gewesen sein, auch jetzt nicht selbst über sein Leben entscheiden zu können. Als ungarischer Staatsbeamter hatte er in der Schweiz keine Berufsaussichten. Es blieb ihm daher nichts anderes übrig, als sein Hobby zum Beruf zu machen. Er unterrichtete schliesslich ebenfalls Klavier und führte fortan das Leben eines wenig beachteten Ehemanns einer berühmten Frau. Der alsbald ausbrechende Konflikt zwischen Vater Ozman und Sohn Tibor hing möglicherweise mit dessen höchst unbefriedigender Lebenssituation zusammen.

Nach Ozmans Rückkehr verliess Tibor Hof-Oberkirch und kehrte nach Hause zurück, um an der Privatschule Tschulok die Maturaprüfung vorzubereiten. Parallel dazu besuchte er als Klavierstudent und als Gesangsschüler sei-

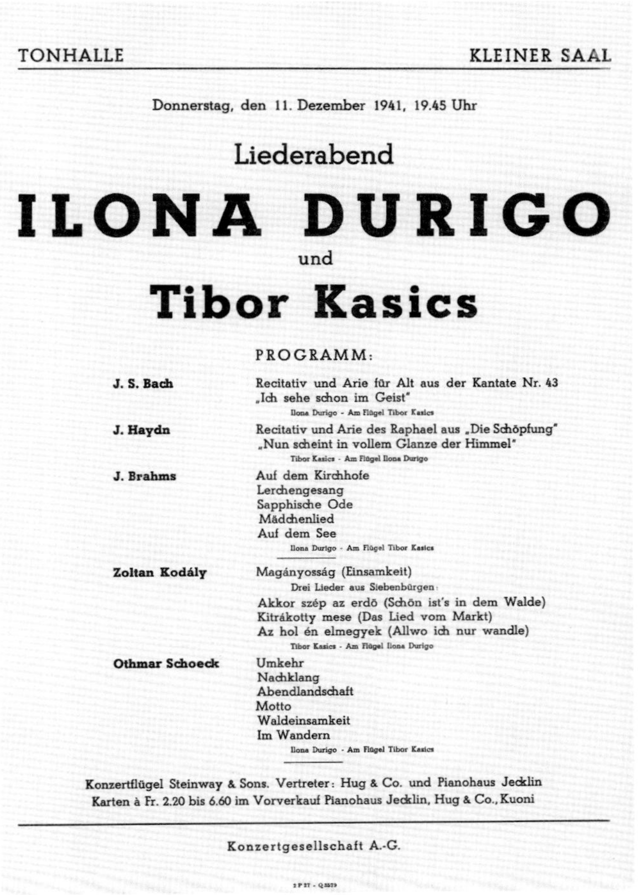
TONHALLE KLEINER SAAL

Donnerstag, den 11. Dezember 1941, 19.45 Uhr

Liederabend

ILONA DURIGO

und

Tibor Kasics

PROGRAMM:

J. S. Bach – Recitativ und Arie für Alt aus der Kantate Nr. 43
„Ich sehe schon im Geist"
Ilona Durigo - Am Flügel Tibor Kasics

J. Haydn – Recitativ und Arie des Raphael aus „Die Schöpfung"
„Nun scheint in vollem Glanze der Himmel"
Tibor Kasics - Am Flügel Ilona Durigo

J. Brahms – Auf dem Kirchhofe
Lerchengesang
Sapphische Ode
Mädchenlied
Auf dem See
Ilona Durigo - Am Flügel Tibor Kasics

Zoltan Kodály – Magányosság (Einsamkeit)
Drei Lieder aus Siebenbürgen:
Akkor szép az erdö (Schön ist's in dem Walde)
Kitrákotty mese (Das Lied vom Markt)
Az hol én elmegyek (Allwo ich nur wandle)
Tibor Kasics - Am Flügel Ilona Durigo

Othmar Schoeck – Umkehr
Nachklang
Abendlandschaft
Motto
Waldeinsamkeit
Im Wandern
Ilona Durigo - Am Flügel Tibor Kasics

Konzertflügel Steinway & Sons. Vertreter: Hug & Co. und Pianohaus Jecklin
Karten à Fr. 2.20 bis 6.60 im Vorverkauf Pianohaus Jecklin, Hug & Co., Kuoni

Konzertgesellschaft A.-G.

ner Mutter das Konservatorium. 1923 bestand er die Maturaprüfung, doch zu einem Abschluss des Musikstudiums kam es nicht. Das Verhältnis von Ozman Kasics zu seinem Sohn Tibor hatte sich inzwischen massiv verschlechtert: Der Vater versuchte, seinem Sohn eine neue Disziplin aufzuzwingen. Tibor sollte bei Familienfesten unbedingt zugegen sein und die Gäste unterhalten oder einflussreichen Bekannten seiner Mutter eigene Kompositionen vorspielen. Tibor verweigerte dies. Um den immer wieder entstehenden Konflikten ein Ende zu bereiten, kam die Familie überein, dass er seine Musikstudien im Ausland fortsetzen sollte.

UMBRUCH IN WIEN UND BERLIN Im Herbst 1924 begann Tibor Kasics seine Gesangs- und Klavierausbildung an der Musikakademie Wien. Abgesehen von eindrücklichen Konzert- und Theatererlebnissen kam er mit dem Leben in Wien aber nicht zurecht. Die Stadt und ihre Menschen behagten ihm wenig, und der Betrieb an der Akademie war ihm zu lasch. «Während eines Monats von Alleinsein habe ich es fast verlernt etwas zu sagen»,[10] beklagte er sich bei seiner Mutter. Im Herbst 1925 fuhr er deshalb nach Berlin und setzte seine Studien an der dortigen Musikhochschule fort.

Tibor Kasics war begeistert von der modernen Stadt und seinen neuen Lehrern. Er studierte jetzt Gesang im Haupt- und Klavier im Nebenfach und übte viel. In Berlin durchlebte Tibor Kasics wechselnde Zeiten: Er stürzte sich in den Trubel der Grossstadt und genoss das aufregende Leben. Dann aber zog er sich wieder zurück, zweifelte an seinen Fähigkeiten und grübelte über die ungewisse Zukunft. Zu diesem Auf und Ab trugen auch verschiedene Liebesbeziehungen bei, die ihn euphorisierten und, wenn sie endeten, fast verzweifeln liessen.

Glanzpunkte seines jungen Musikerlebens waren die Konzertreisen, die er zusammen mit seiner Mutter unternahm. Ilona Durigo und Tibor Kasics traten mit Liederabenden auf, bei denen er sie am Klavier begleitete. Die Reisen führten zuerst in die Heimatstadt Budapest, dann nach Holland, in die Schweiz und nach Belgien und Frankreich. Auf dem Programm stand vor allem das klassische deutsche Lied: Beethoven, Schubert, Schumann, Brahms, Hugo Wolf, Richard Strauss. Aber auch Stücke der ungarischen Komponisten Liszt und Kodály wurden gespielt sowie Kompositionen des Schweizers Othmar Schoeck, der mit Ilona Durigo freundschaftlich verbunden war. Beim einen oder andern Konzert setzte sich auch Ilona Durigo ans Klavier und begleitete ihren Sohn.

Das Jahr 1927 brachte für Tibor Kasics einen beruflichen Rückschlag. Er bemühte sich um Aufnahme in die Dirigenten-

klasse an der Berliner Musikhochschule. Als er überraschenderweise eine Absage erhielt, war er gezwungen, nach einer anderen Ausbildungsstätte zu suchen. Nach bestandener Aufnahmeprüfung wechselte er an die Kapellmeisterschule Köln. Tibor Kasics stürzte sich in das Studium, doch bald fehlten ihm das Berliner Grossstadtleben und seine Freunde. Nach einigen Monaten quälte ihn die Einsamkeit so sehr, dass er sich entschloss, nach Berlin zurückzukehren und nun doch, wie es die dortige Lehrerschaft wünschte, die Gesangsausbildung fortzusetzen – obwohl er dies zuvor mit zahlreichen Begründungen verworfen hatte. Dieses Hin und Her irritierte Ozman Kasics. Er hatte den Eindruck, sein Sohn sei zu weich und wankelmütig. Verärgert forderte er ihn auf, endlich finanziell unabhängig zu werden. Es kam zu einem kurzen, heftigen Streit, in dessen Verlauf Tibor Kasics trotzig beschloss, seinen Unterhalt hinfort als «Musik-Proletarier»[11] zu verdienen.

WAGNIS UNTERHALTUNGSMUSIK Tibor Kasics' erste eigenständige musikalische Unternehmungen führten ihn in die Berliner Unterhaltungsbranche, dorthin, wo nicht nur musikalische Fertigkeiten, sondern vor allem publikumswirksame Showeinlagen gefordert wurden. Abgesehen von den vielen Tanz- und Unterhaltungskapellen, die das ganze musikalische Spektrum von Salonmusik bis volkstümlicher Folklore abdeckten, war Tibor Kasics vor allem von einem fasziniert: dem Jazz. Er war begeistert von den ihm bisher unbekannten rhythmischen Möglichkeiten, von der Verschmelzung verschiedener musikalischer Kulturen und der Möglichkeit zu improvisieren. An seinem 80. Geburtstag erinnerte er sich in der Fernsehsendung «Karussell» des Schweizer Fernsehens:

> Was uns ernste Musiker damals in Berlin sehr beschäftigte, war der Beginn des Jazz: die am Konservatorium verpönte «Negermusik». Das hat uns kolossal interessiert. Louis Armstrong, der Pianist Fats Waller, im Ufa-Palast das Whiteman-Orchester mit der *Rhapsodie in Blue* – das waren Ereignisse für uns! Eine neue Art von Musik. Und als es um die Frage des Verdienstes ging, war sofort klar: ein Tanzorchester gründen – ein «Jazz-Orchester».[12]

Mit dem Ziel, eine Jazzband zu gründen, die den Anforderungen des Showbiz genügte, machte sich Tibor Kasics 1927 auf die Suche nach geeigneten Mitmusikern. Das Unterfangen stellte sich als schwierig heraus, weil beim herrschenden Überangebot nur eine Band mit überdurchschnittlichem Unterhaltungswert bestehen konnte. Kasics

7
Werbekarte der *Tibor Blue Boys.* Die Instrumente im Vordergrund sollen das breite Repertoire verdeutlichen.

8
Tibor Kasics und Hans Meyer-Hanno als *Big and Doug,* «the English singing Boys».

suchte deshalb Leute, die in der Lage waren, mehrere Instrumente zu spielen. Mit einer kleinen Band wollte er ein breites Repertoire einstudieren, wobei die Instrumentenwechsel während des Auftritts ein optisch wirksames Unterhaltungselement versprachen.

Es dauerte allerdings über ein halbes Jahr, bis er nach Hause meldete, dass er mit einer eigenen Kapelle fleissig am Üben sei – doch der Misserfolg folgte auf dem Fuss. Nach verpatztem Auftritt vor einem Agenten löste sich das Quartett gleich wieder auf! Ein paar Monate später wendete sich die Situation zum Besseren und Tibor Kasics hoffte nun sogar auf ein paar Tage Ferien:

> Ich habe es stark im Sinn zu Ostern wieder eine Reise nach der Schweiz zu wagen. Dann ist flaue Zeit für die Jazzmusiker. Denn ich betrachte mich als solchen. Nehme zwar fröhlich weiter Gesangstunden, aber meine Zukunft schwebt mir zunächst im blauen Dunst. Zunächst habe ich mich ja auf das Geldverdienen konzentriert und zwar mit wachsendem Erfolg. Nach dem Dezember, dessen erste Hälfte mit zu meinen schlimmsten Zeiten gehörte, lichtet sich der Himmel. Jetzt fangen sich die Früchte der Arbeit, Bemühungen und Ausgaben an zu zeigen.
> Ich habe viel zu tun. Laufen, laufen für Engagements, im Kino spielen (aushilfsweise) Stunden geben, korrepetieren, Tänzerinnen begleiten, einen Chor für ein Fest einstudieren. Meine Vielseitigkeit rentiert sich hie und da doch. Im Januar habe ich 5 Bälle, in einem Klub spielen wir gelegenheitsweise, kurz: das Geschäft fängt an zu laufen. Da ich überall als unbekannter Anfänger figuriere, ist natürlich die Bezahlung nirgends blendend, aber die Menge machts. Ich werde mir im Januar die Monatsmiete für Februar ersparen können (ca. 100 Mark alles in allem), ausserdem trage ich Schulden ab und gehe dran, meine geradezu pitoyable Garderobe langsam aufzubessern. Es wird.[13]

Tibor Kasics wurde zu einem typischen Unterhaltungsmusiker jener Zeit. Er nahm alle erdenklichen Möglichkeiten wahr, mit Musik Geld zu verdienen. Den Plan, eine Jazzkapelle zu gründen, gab er allerdings nie auf. Was ein paar Monate zuvor noch kläglich gescheitert war, gelang in einem zweiten Anlauf: Selbstbewusst nannte er seine neue Jazzband *Tibor Blue Boys*. In die leichte Enttäuschung über die Hektik, die ungewisse Zukunft und den geringen Verdienst, welche das Leben eines Unterhaltungsmusikers bestimmten, mischte sich auch Stolz. Selbstsicher und galant warb er mit Reklamekärtchen und Inseraten für seine neue Jazzband. Dabei betonte er Musikalität wie Bühnenwirksamkeit:

> TIBOR BLUE BOYS, eine junge aber erfolgreiche Kapelle bestehend aus fünf jungen, gutaussehenden und routinierten Musikern, zufällig auf den 1. Juni frei geworden, bietet sich Ihnen hiermit an. Der Unterzeichnete, sowie Herr Herrmann in der Agentur Comeriner, sind bereit, detailliertere Offerte zu machen.[14]

Kasics spielte mit seiner eigenen Jazzkapelle an verschiedenen Bällen, erhielt einen Auftritt am Radio und wurde sogar für das populäre Varieté-Kabarett *Larifari* engagiert. In der Rolle des Bandleaders sang er nicht nur, sondern spielte auch Piano, Ukulele und Akkordeon. Zur Kapelle gehörten W. Fredersdorf (Violine, Alt-Sax, Sopran-Sax, Klarinette), Leon Schaudenischki (Alt-Sax, Banjo), Sascha Selbdwich, Sam Thorn-Prikker, Erich Einegg, Josef Rafalkes, Putzke und Hans Meyer-Hanno (Schlagzeug, Ukulele, Gesang).[15] Die *Tibor Blue Boys* spielten zur Hauptsache Jazz. Damals hiess das nichts anderes als von «amerikanischer Popularmusik» beeinflusste Tanzmusik.

Im Vergleich zur Situation als Gelegenheitsmusiker ging es Tibor Kasics nun zweifellos besser, aber auch das Leben eines Jazzmusikers war ungemein hart. Ein Engagement als Tanzkapelle auf einem Ball dauerte oft von neun Uhr abends bis um sechs Uhr früh, und die Gage lag mit 100 bis 160 Mark für fünf Personen in eher bescheidenem Rahmen. Es war daher klar, dass man jedes Angebot annehmen und auch anderen Tätigkeiten nachgehen musste. Die spätere Verherrlichung der Zeit als «Goldene 20er-Jahre» entsprach keineswegs Kasics' realer Lebenssituation.[16]

9
Die *Katakombe*-Mitglieder auf dem Kurfürstendamm, 1929: Tibor Kasics trägt Dolly Haas auf den Armen, Werner Finck mit Koffer und Mantel.

10
Tibor Kasics auf der Bühne, 1930.

11
Das *Katakombe*-Signet, Handzettel für ein Kostümfest, 1930.

DIE KATAKOMBE Entscheidend verbesserten sich die Auftrittsbedingungen der *Tibor Blue Boys* durch Engagements in Kabaretts. Diese etwas ungewöhnlich anmutende Verlagerung der Musiker vom grossen Tanzparkett auf einen Platz neben der kleinen Bühne des Kabaretts war keineswegs zufällig. Zum einen wurden Jazztruppen oft mit dem Unterhaltungsbereich des Komischen in Verbindung gebracht, zum anderen trat Tibor Kasics schon seit längerem mit seinem Bandschlagzeuger Hans Meyer-Hanno als *Big and Doug* in Varietés, Theatern, Revuen, Radio und Kabaretts auf. Die beiden «English singing Boys» gaben als *Big and Doug* jeweils vor, sich auf einem Lloyddampfer nach Amerika kennen gelernt zu haben – der eine als Bordpianist, der andere als Bordfotograf. Das gemeinsame Musizieren habe sofort geklappt, und seither sei man zusammen unterwegs. Mit Ukulelen bestückt, gaben sie auf humoristische Art Lieder zum Besten, insbesondere Jazzparodien. Das Unternehmen war sehr erfolgreich, was die über das ganze Jahr 1929 verteilten Auftritte in Berlin, Stuttgart, Nürnberg und Zürich belegen.

Im selben Jahr kam es zur Gründung der später legendär gewordenen *Katakombe.*[17] An einem Privatfest trug Kasics nach einer erfolgreichen Einlage von *Big and Doug* ein paar Verse des Kabarettisten Werner Finck vor, was enthusiastisch aufgenommen wurde. Der zufällig anwesende Karl Nierendorff war begeistert und trat an die beiden heran: Er schlug vor, im Keller des *Vereins Berliner Künstler,* dessen Sekretär er war, ein Kabarett zu eröffnen. Kurze Zeit später, im Oktober 1929, fand im Künstlerhaus an der Bellevuestrasse 3 beim Potsdamerplatz die erste Vorstellung der *Katakombe* statt.

Der Erfolg war durchschlagend. Publikum und Kritiker waren sich von Anfang an einig: Endlich hatte Berlin wieder ein Kabarett, das frisch und beschwingt daherkam und nicht nur marktschreierisches Kommerztheater war. Die Künstler spielten mit grosser Improvisationskraft und viel Spontaneität. Äusserlichkeiten wie Kulissen, Kostüme oder technische Einrichtungen wurden ebenso einfach gehalten wie Sitzgelegenheiten und Bewirtung. Schon bald berichteten alle wichtigen Zeitungen über die Aufführungen, in das «Goldene Buch» schrieben sich Leute ein wie Klaus Mann, Carl Zuckmayer, Alfred Döblin, George Grosz, Richard Huelsenbeck, Joachim Ringelnatz, Heinrich Mann, Walter Hasenclever, Alex Granach, Valeska Gert, Erich Kästner, Roda Roda, Kurt Schwitters, Max Reinhardt oder Friedrich Holländer.[18]

Mit verschiedensten Darbietungen verbreitete die *Katakombe* in erster Linie Heiterkeit. Werner Finck trat als Conférencier auf, wobei er seinen stotternd stockenden Vor-

12
Probenpause in der *Katakombe*, 1930: Hans Deppe, die Geschwister Witt und Tibor Kasics.

tragsstil für zahlreiche Wortspiele und Pointen mit Halbsätzen, Pausen und Unausgesprochenem einsetzte. Bekannt und geliebt wurde die *Katakombe* auch für ihre Parodien, die aktuelle Schauspieler oder Theaterstücke auf die Schippe nahmen. Oftmals wurde am Schluss des Abends eine solche Darbietung improvisiert, wobei zur Freude des Publikums nicht selten das ganze Ensemble involviert war.

Beispielhaft für die ersten Programme der *Katakombe* dürfte die «Wandervogelparodie» gewesen sein. Werner Finck, Hans Deppe und Arnulf Schröder spielten dabei Jugendliche mit Schulranzen, kurzen Hosen und Gitarre. Die Nummer begeisterte durch die Diskrepanz zwischen der naiv-kindlichen Weltanschauung der Bühnenfiguren und der offensichtlichen Erwachsenenwelt der Darsteller. Zu Recht wurde über die zweifellos komische Nummer geschrieben, dass sie «niemandem schadet und niemandem nützt», also eigentlich gänzlich harmlos war.[19]

Inhaltlich entsprach die *Katakombe* einer Unterhaltungsstätte. Ein Rezensent der «Literarischen Welt» atmete schreibenderweise auf: «Einen ganzen Abend lang keine Politik, keine Zote, kein Ressentiment und keine wichtigtuerische Schnodderchuzpe, sondern nur mitreissende Heiterkeit ...»[20] Man ist versucht, eher von einem Varieté denn von einem Kabarett zu sprechen.

Dass die *Katakombe* später als politisches Kabarett bezeichnet wurde, hat viel mit den Umständen der damaligen Zeit zu tun. Obwohl die Darbietungen mehrheitlich reine Unterhaltung waren, galt die *Katakombe* bald einmal als antifaschistische Bühne. Dies, weil das Ensemble einem mehrheitlich linksliberalen Umfeld entstammte und meist vor einem gleich gesinnten Publikum spielte. Die *Katakombe* war ein Treffpunkt antifaschistischer Gesinnung, ohne diese explizit auf die Bühne zu tragen. Werner Finck, der sich allerdings nicht scheute, ab und an einen politischen Seitenhieb auszuteilen, war zahlreichen Repressalien der Nazis ausgesetzt. 1935 wurde das unter Lebensgefahr weitergeführte Kabarett von den Nazis geschlossen. Kasics' Freund, Hans Meyer-Hanno, wurde 1945 auf der Flucht aus dem Gefängnis erschossen, wo er wegen politischer Tätigkeit inhaftiert gewesen war.

Von Tibor Kasics an die *Katakombe* geholt, gehörten zu Beginn auch die beiden Schwestern Trudi und Hedi Schoop aus Zürich zum Ensemble. Ihre zwischen Pantomime und Grotesktanz liegenden Darbietungen waren fester Bestandteil der Programme. Immer wieder wurden auch Darbietungen aus anderen Bereichen der Unterhaltungsbranche gezeigt. So traten etwa witzige Schnellzeichner wie Erich Ohsner oder Otto Bittner mit Pinsel und Leinwand auf die Bühne oder Geräuschemacher wie zum Beispiel Dotz Sohn-Rethel, die das Publikum mit ihren Einlagen verblüfften.

Musikalische Beiträge in Form von Chansons, Moritaten, Couplets und Songs waren ein weiterer Fixpunkt der *Katakombe*-Abende, in den ersten Programmen musikalisch untermalt von den *Tibor Blue Boys*.

Tibor Kasics erhielt bei der *Katakombe* Gelegenheit, seine Fähigkeiten als Komponist unter Beweis zu stellen:

> In der *Katakombe* kam ich erstmals in die Lage, komponieren zu müssen. Nicht etwa aus Neigung oder um irgendetwas auszudrücken, was mich bewegt hat, sondern es musste ein Chanson von Kästner vertont werden. Von diesem Zeitpunkt an hat mich das Kabarett gefangen genommen.[21]

Die *Katakombe* zählte man nicht zur herkömmlichen Unterhaltungsindustrie vom Kurfürstendamm. Dennoch war das Unternehmen ähnlich aufgebaut wie die so genannten Kommerztempel: Auch hier wurden Getränke zu «mässigen Preisen» angeboten, das Programm begann erst um 22 Uhr, und um 24 Uhr konnte man noch ein Mitternachtsfrühstück bestellen. Die Werbezettel versprachen weniger einen stillen Kunstgenuss, sondern vielmehr prächtige Unterhaltung. Zudem profitierte die *Katakombe* von einem Umfeld, das sich aus Künstlerkreisen und Kunstinteressierten verschiedenster Sparten zusammensetzte – in der Pause wurde jeweils die laufende Ausstellung im Künstlerhaus für eine Besichtigung geöffnet!

Die *Katakombe* war von Beginn an sehr unübersichtlich organisiert. Der *Verein Berliner Künstler* mietete das Haus an der Bellevuestrasse 3, überliess dem Kabarett den Keller

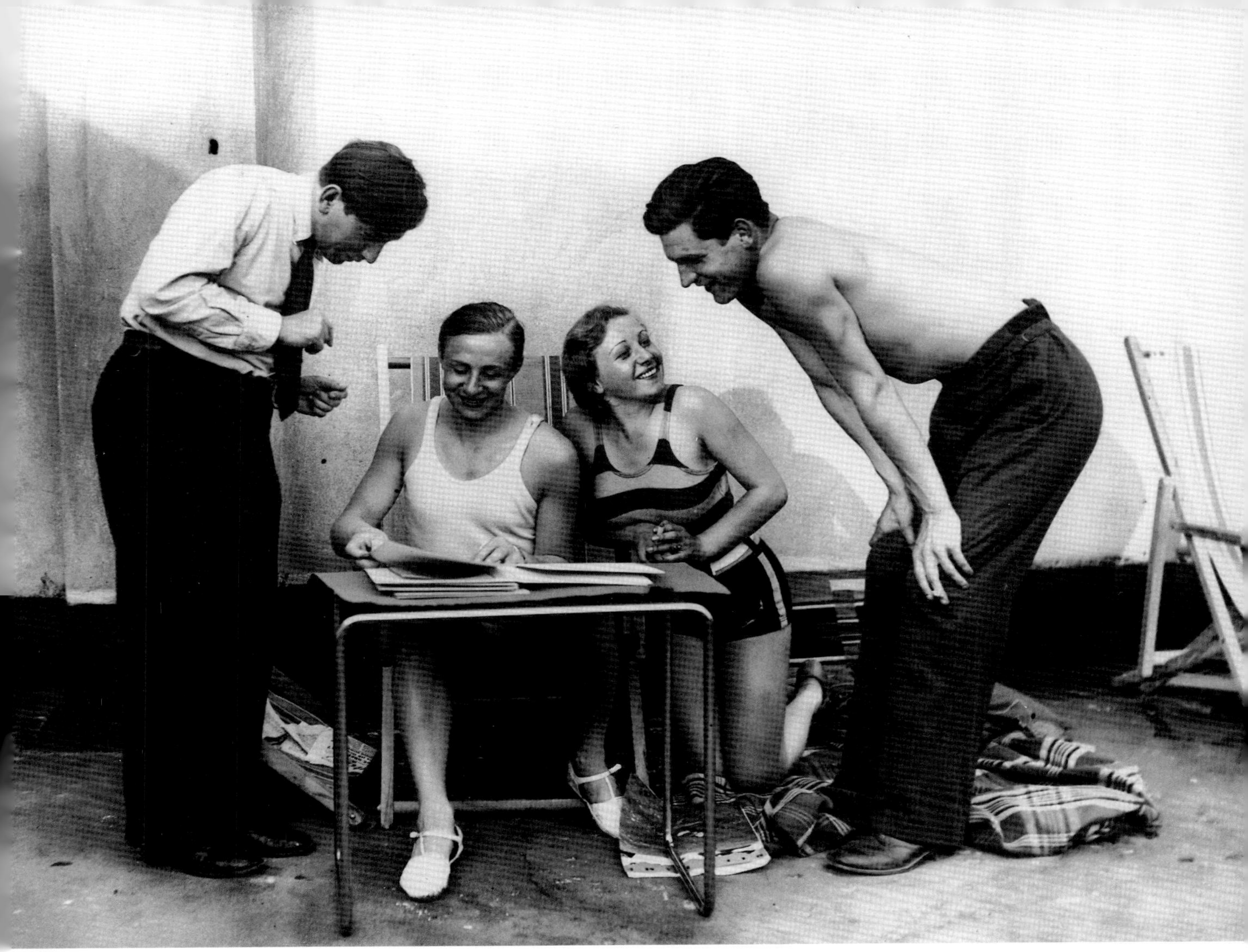

13
Selbst gefertigte Werbe-Collage für die *Tibor Blue Boys.*

14
Abschlussbild aus einem *Katakombe*-Programm. Von links nach rechts: Karl Janecke, Dolly Haas, Hans Meyer-Hanno, Hans Deppe, Hedy Schoop, Tibor Kasics, Werner Finck, Erich Ohsner, Gerda Redich, Arnulf Schröder.

und erhielt den grössten Teil der Eintrittsgelder. Nierendorff betreute die *Katakombe* zusammen mit Finck. Kasics, Meyer-Hanno und Deppe bildeten einen zusätzlichen Arbeitsausschuss. Alle fest engagierten Künstler wurden in einem Kollektiv zusammengefasst und waren vertraglich gebunden. Den Gastro-Bereich trat man mit Preisauflagen an eine aussenstehende Person ab. Die Probleme waren damit vorprogrammiert: Man unterliess es, die Steuerverhältnisse zu regeln, bezahlte Tantiemen schlecht oder gar nicht, stritt sich um Geld, Requisiten und das Urheberrecht des Kabarett-Namens. Rechtsanwälte wurden involviert, im Sommer 1930 musste man ein neues Lokal suchen, und es kam zu Austritten von Ensemblemitgliedern. Bereits im Februar 1930 schrieb Tibor Kasics, entnervt über die vergangenen Monate, an seine Mutter:

> Es gab Schwierigkeiten von seiten des Hausherrn, des Vereins Berliner Künstler, es gab Schwierigkeiten innerhalb des Ensembles, menschliche, wirtschaftliche, künstlerische. Zwischendurch sollen neue Programme gemacht werden, neue Kräfte engagiert, Gastspiele gemanagt, Radioaufführungen geleitet. Und unser löbliches Etablissement besitzt nur einen Herrn, der Übersicht und Aufopferung hat: Herrn Tibor Kasics.[22]

Ob all der Unstimmigkeiten mit Werner Finck zerstritten, verliess Tibor Kasics bereits nach einem knappen Jahr die *Katakombe.* Dies, nachdem er noch fieberhaft einen neuen Spielort und Kapital gesucht und gefunden hatte.

Mit dem Austritt aus der *Katakombe* ging Tibor Kasics und seinen *Blue Boys* das erste längerfristige Engagement und die damit verbundene finanzielle Absicherung verloren. Er musste wieder mühsam nach Auftrittsmöglichkeiten suchen und jedes noch so schlecht bezahlte Angebot annehmen. Kasics trat in der Folge in anderen kabarettistischen Zusammenhängen in Erscheinung – öfters ohne Band. So mit dem Chansonnier Paul O'Montis vom *Kabarett der Komiker* oder mit Igor Pahlen, dem späteren Intendanten der *Pfeffermühle* von Erika Mann. Igor Pahlen hatte Kasics im «Gandhi» kennen gelernt; das Berliner Lokal hiess so, da der überaus magere Betreiber von allen «Gandhi» genannt wurde. Pahlen berichtet über die Eröffnung:

> Und da war der Tibor Kasics am Flügel und ich wurde eingeladen zur Eröffnung: Und der Kasics sagte, jetzt singst Du das, und dann sang ich was und so blieben wir längere Zeit zusammen. Tibor Kasics hat mir eigentlich meinen Kabarettberuf beigebracht: Durch lauter Anschnauzen. Was der mich angeschnauzt hat!

> Und da habe ich etwas verstanden, dass der Schauspieler mindestens einen Akt Zeit hat, um sich dem Publikum vorzustellen. Der Kabarettist aber hat nur zwei Minuten! Wenn das Publikum nach zwei Minuten nicht mitgeht, kann er sofort aufhören.[23]

Mit seinem Weggang von der *Katakombe* hatte Tibor Kasics zwar seine eben erst errungene Existenzgrundlage verloren, doch hatte er das knappe Jahr im Kabarett für sich genutzt. Er beherrschte das Metier bereits so gut, dass er weiterhin Auftrittsmöglichkeiten fand und auch anderen vermitteln konnte, wie man einen kabarettistischen Auftritt gestaltete. Auf diese Kompetenz, die den Bereich der Musik weit überschritt, konnte er in seinem weiteren beruflichen Werdegang immer wieder zurückgreifen.

NEULAND TONFILM 1930 forderte der Theater- und Filmkritiker Hans Sahl in einem Artikel der Berliner Zeitung «Der Morgen», dass der Tonfilm als neues Medium vermehrt ins Blickfeld von künstlerischen Bemühungen gerückt werden müsse. Er empfahl gewissermassen zur Übung und zwecks kombinierter Einnahmemöglichkeit, ein paar Reklamefilme herzustellen, wobei er die *Katakombe* als idealen Partner für eine Zusammenarbeit vorschlug. Weitsichtig erkannte Sahl das Potenzial von Kabarettisten für die filmische Werbung: Mit ein, zwei Sätzen müssen Charaktere in prägnanten Kurzszenen, die auf eine überspitzte Hauptaussage hinauslaufen, gezeigt werden – eine Forderung, die für Werbung genauso gilt wie für das Kabarett.

Kasics teilte Sahls Ansicht, dass der Tonfilm nicht nur kommerziell, sondern auch künstlerisch zu nützen sei. Nach seinem Austritt aus der *Katakombe* schaute er sich nach entsprechenden Angeboten um. Zudem bestärkte ihn sein Vater darin und riet ihm eindringlich, beim damals grössten deutschen Filmunternehmen UFA vorzusprechen:

> Ich bin noch immer fest überzeugt, dass Du nach langen Irrfahrten – das ist mal Dein Los – Dein Lebensziel erreichen wirst. – Nach meiner Meinung wird das beim Film (Tonfilm) sein, wo Deine allgemeine Begabung am besten zur Geltung kommen kann. Wie Du berichtest, hast Du in der letzten Zeit dort gewisse Möglichkeiten. Nehme es Dir vor doch etwas Grösseres zu erreichen und Du wirst es erreichen.[24]

Tibor Kasics versuchte, diese Chance wahrzunehmen. Zu den Filmen *Im Lande der Bretonen* und *Menschen am Ätna,* zwei Kurzfilmen von 1932 aus der «Tonkulturfilmproduktion» des Instituts für Kulturforschung, komponierte er die Musik. Allerdings plante Kasics zu diesem Zeitpunkt bereits seine Rückkehr in die Schweiz, unter anderem wegen der Unmöglichkeit, in der wirtschaftlich schwierigen Zeit Musik für grosse Filme zu komponieren, wie er seiner Mutter im Juni 1932 berichtete.[25] Er wollte zurück nach Zürich, obschon er in der Grossstadt Berlin seinen Weg gefunden hatte und sich im dortigen Künstlermilieu zu Hause fühlte.

ZWISCHEN DEN MILIEUS

DAS ELTERNHAUS Tibor Kasics war in einem grossbürgerlichen Elternhaus aufgewachsen. Sein Vater arbeitete als höherer Regierungsbeamter, zu Hause beschäftigte man Bedienstete, und Ilona Durigo liess es sich selbst im Krieg nicht nehmen, jeden Sommer gemeinsam mit ihren Lieben in die Ferien zu fahren.

Ozman Kasics war ein strenger, prinzipientreuer Mann, der mit Disziplin das Leben zu meistern versuchte. Die jahrelange Kriegsgefangenschaft mag zu dieser Haltung beigetragen haben. Vorbild für ihn war aber sein Vater Péter Kasics, der Ministerialrat im Verkehrsministerium Budapest und 18 Jahre lang «Stadtvater» für den Burgbezirk gewesen war.

Péter Kasics hatte als Politiker unermüdlich gegen die Korruption gekämpft. Für diesen Kampf opferte er Karriere und materielle Sicherheit und trat von seinem Amt zurück.[26] Ozman bewunderte diese Kompromisslosigkeit und erhob Willensstärke für sich selbst und seinen Sohn zur höchsten Tugend. Unmittelbar nach der Rückkehr aus Sibirien schrieb er Tibor einen Brief, der mit den unmissverständlichen Worten endet:

> Du bist in dieser entsetzlich langen Zeit ein Jüngling geworden, der seinen entfremdeten Vater nicht kennt, mögen diese Zeilen Dir über ihn nachträglich Aufklärungen geben, und mögen sie Dich im allgemeinen davon überzeugen, dass man mit starkem Willen das Leben auch in den allerschwersten Verhältnissen erträglich machen kann.[27]

Solche und ähnliche Formulierungen erscheinen immer wieder in der Korrespondenz. In einem pädagogisch gehaltenen Brief, den Ozman Kasics 1928 seinem Sohn Tibor schickte, brachte er seine gegen Wehleidigkeit gerichtete Lebenseinstellung mit wenigen Worten auf den Punkt: «Leiden ist Irrtum, wo Schmerz ist – muss etwas falsch sein.»[28]

Eine buchstäblich andere Note brachte Ilona Durigo in die Erziehung ein. Im Gegensatz zu ihrem Mann kam sie aus äusserst einfachen Verhältnissen. Ihr Vater war Buchdrucker und leidenschaftlicher Gewerkschafter gewesen. Ihre Mutter war nach dem frühen Tod des Vaters als «arme Verwandte» in verschiedenen Haushalten aufgewachsen. Erst der künstlerische Erfolg brachte Ilona Durigo den gesellschaftlichen Aufstieg. Sie kam zu Geld und wurde als grosse Sängerin in vermögenden Kreisen mit offenen Armen empfangen. Das änderte allerdings nichts an ihrer natürlichen Herzlichkeit – einem Wesenszug, den sie mit der Mutter Muci teilte. Ein Brief an den 14-jährigen Tibor gibt einen Eindruck ihres warmen Umgangstons, zeigt aber, dass auch Ilona Durigo versuchte, ihren Sohn auf die Bahn eines vom Willen geleiteten, pflichtbewussten Lebens zu bringen. Im Gegensatz zu ihrem Mann betrachtete sie Willensstärke und Pflichterfüllung aber nicht als Antwort auf «allerschwerste Verhältnisse», wie er sie im Krieg erlebt hatte. Sie sah darin die Voraussetzung für ein erfülltes Leben:

> Mein lieber, guter Junge!
> Ich weiss, dass Du's verstehen wirst, wenn Du erwachsen sein wirst, weshalb ich mein ruhiges Familienleben geopfert habe – ich weiss Du fühlst es auch jetzt schon, dass Deine Mutter Künstlerin sein muss, es ist ihr Beruf, ihre ernste Pflicht – und ist nur darum so schwer, weil wir in Budapest so weit weg leben – sonst käme ich ja immer wieder auf ein paar Tage heim. Aber ein herrliches Leben hab' ich, es ist so beglückend, all' den vielen Menschen überall in allen Städten und Ländern Freude und Trost zu bereiten in diesen schweren Zeiten mit meinem Gesang! Ach – könnte nur auch Dein Leben so schön und reich an Erlebnissen werden! Dies wünscht von Herzen und umarmt und küsst Dich innig, Deine dich sehr, sehr liebende Mutter.[29]

Tibor sprach auf die Wärme seiner Mutter an, ebenso wie auf die Verheissung, die in ihren Ermahnungen steckte. Er nahm Anteil an ihrem Erfolg und gab zu verstehen, dass er ihre Abwesenheit akzeptierte und ihre Berufung als Künstlerin über seine kindlichen Bedürfnisse stellte. Auch nahm er sich Briefstellen, die an seinen Ehrgeiz appellierten, sehr zu Herzen:

> Dass Dein Zeugnis nicht besser ausgefallen ist, tut mir sehr leid, – Kasics Tibor könnte unter den Ersten sein – doch da Du selber böse bist auf Dich, so seh' ich hieraus, dass Du's bis zum Ende des Schuljahres sicher verbessern wirst.[30]

Unermüdlich spornte Ilona Durigo ihren Sohn an. Sie ermunterte ihn, den Schulstoff gut zu lernen und vor allem beim Klavierüben nicht locker zu lassen. Tibors Antworten zeigen, dass er sich mit Fleiss bemühte, den Vorstellungen der Mutter zu genügen. Aus Hof-Oberkirch schrieb er:

> Mutter, Du weisst nicht, welch verrückte Ambition jetzt durch mich geht! Möchte alles wissen, kennen. Aber ich strebe auch dafür. Von Tag zu Tag kann ich besser Französisch. (Ich lerne nämlich jeden Tag für mich etwa 1–2 Stunden.) Leider sehe ich aber, dass bei dem Klavierspiel fast nichts helfen kann. Meine Hände sind so stark, hart, dass ich kaum eine anständige Skala schnell spielen kann. Die schöne Mozart F Dur Sonate endet mit einem Lauf mit beiden Händen, und mit einer wütenden Verzweiflung von mir, weil ich fürchte, dass ich nie recht spielen kann.[31]

Hier zeigt sich schon früh das Erbe Ilona Durigos: Tibor Kasics machte die Forderungen, die seine Mutter an ihn stellte, zu seinen eigenen und stand fortan unter dem Druck allerhöchster Ansprüche an sich selbst.

FAMILIENKONFLIKTE Tibor Kasics sagte von sich selbst, er sei ein trotziger Jüngling gewesen.[32] Als sein Vater aus der Kriegsgefangenschaft nach Hause kam und das Regiment in der Familie wieder übernehmen wollte, reagierte er mit Widerstand. Besonders widerspenstig zeigte er sich, als der Vater die Kontrolle über die Finanzen übernahm – dies, obwohl Ilona Durigo wesentlich mehr verdiente – und versuchte, ihn mit «Finanzpolitik» zum Gehorsam zu zwingen. Weil Tibor zwei Stunden zu spät zu einem Geburtstagsfest seiner Schwester Ilonka erschien, zog ihm der Vater ein Drittel vom Taschengeld ab. Tibor akzeptierte dies nicht. In einem scharfsinnigen Brief setzte er dem Vater auseinander, dass Familiensinn nicht mit Taschengeldabzügen gezüchtet werden könne. Er warf ihm irrationale Motive und eine widersprüchliche Moral vor und schloss:

> Nein, Du hast völlig absolutistisch aus rein subjektiven Motiven gehandelt. Die Motivierung ist ganz einfach. Ich habe Dich geärgert, folglich ärgerst Du mich auch:

15
Familie Kasics-Durigo: die Eltern Ilona Durigo und Ozman Kasics mit Tibor und seiner Schwester Ilonka, 1909.

16
Tibor Kasics mit seiner Mutter Ilona Durigo, kurz vor der Emigration in die Schweiz, 1919.

Also Rache. Übrigens bin ich der Ansicht, dass man Achtung erwerben, aber nicht fordern soll. Wie Du auch den Brief auffassen magst, ich sage meine Einstellung zur Sache unverhohlen. Magst Du noch weitere 5 Franken wegen Respektlosigkeit abziehen, mein Standpunkt bleibt der gleiche. Wenn Du diesen Brief in erster Linie als Lehrer u. Respektsperson u. nicht als Mensch liest, dann ist der Beweis geliefert, dass die Kluft zwischen uns unüberbrückbar ist.[33]

Autorität, die nicht durch Persönlichkeit, Können oder Wissen untermauert war, blieb für Tibor Kasics zeitlebens suspekt und forderte seinen Widerstand heraus. Zahlreiche Konflikte, die er später bei der Arbeit ausfocht, gehen auf diese Erfahrungen mit dem Vater zurück.

Tibor Kasics' Verhältnis zum elterlichen Milieu war gespalten. Die Werte des Vaters bekämpfte er als starr und in sich widersprüchlich. Die Welt der Mutter hingegen erhob er zum Ideal und versuchte, ihren Werten zu genügen. Als ihn Ilona Durigo 1924 bewog, die Kapellmeisterausbildung mit Unterstützung ihr nahe stehender Kreise in Wien zu beginnen, brach für Tibor allerdings eine Welt zusammen. Schon bei der Aufnahmeprüfung erlebte er Sonderbares:

Ich musste hauptsächlich Tonleiter u. Dreiklänge singen. Ich war gut disponiert und sang den hohen F mit Leichtigkeit. Dann sang ich die Händel-Arie bis zu «wenn nun der Trost». Mitten in diesem Crescendo, den ich mit Stolz entwickelte, klingelte der Herr Regierungsrat Hofrat, Professor Direktor, Dr. etc. etc. Marx und ich wurde entlassen. Ich bin zu Kuyper (einer von den wenigen am Konsi, der kein Hofrat, nicht einmal ein anderer Rat ist) eingeteilt, ich weiss noch nicht in welche Klasse. Ebenfalls weiss ich nicht, zu welchem Hofrat ich im Klavier eingeteilt werde.[34]

Kasics' Briefe aus Wien sind voll bitterer Ironie und zeigen grosse Enttäuschung. Es war ihm unerklärlich, dass der Wiener Umgang mit Musik nicht seinen leidenschaftlichen Ansprüchen entsprach: Man übte vor allem Technik, musikalischer Ausdruck wurde missachtet, die Lehrer schätzten lediglich das «wohl temperierte» Mittelmass, und Hauptgesprächsstoff unter den Studierenden war der neuste Klatsch der Akademie!

Obwohl er vieles den Wienern anlastete, erkannte Tibor Kasics mit einem Mal, wie fremd ihm die Welt war, in der seine Mutter brillierte. Diese hatte ihm nur das Beste von Wien berichtet, ihn dorthin geschickt und ihn in dieser Welt sogar noch protegiert. Die idealisierte Welt der Mutter wurde brüchig. Verständlicherweise weigerte sich Tibor Kasics aber, diesen Bruch zu thematisieren. Der Konflikt mit dem Vater hingegen spitzte sich zu, nachdem er Wien verlassen hatte und in Berlin seinen eigenen Weg zu gehen versuchte. Auch wenn sich das Verhältnis zu seinem Sohn zwischendurch entspannte, sah sich Ozman Kasics in seiner Einschätzung immer wieder bestätigt:

Du bist ein armer Teufel – Nicht deswegen, weil Du ein «dummes Thier» bist, sondern weil Du Deine eigenen Wege gehen willst und weder die dafür nötige Kraft, noch die dazu nötige Ausdauer hast.[35]

Das Zerwürfnis zog sich über Jahre hin. Es endete 1932 im vernichtenden Verdikt des Vaters:

Du bist weder ein Kapellmeister, noch ein Sänger, noch ein Pianist, aber ein begabter Musiker, der von dem allem recht viel versteht, einen hellen Kopf hat, und den sogenannten «Kunstbetrieb» tief verachtet.[36]

Obwohl er sich nach aussen hin zu wehren wusste, trafen Sätze wie diese Tibor Kasics im Innersten. Noch Jahrzehnte später, als Familienvater und hoch geachteter Musiker, zitierte er seiner Frau gegenüber die Worte seines Vaters. Ilona Durigo versuchte zwar immer wieder zu vermitteln, hielt in der Sache aber dennoch zu ihrem Mann. Damit stand das Elternhaus Tibor Kasics als Front gegenüber. Er merkte nun, dass der Konflikt mit seinen Eltern weit über seinen musikalischen Werdegang hinausging. Wenn er ihre

17
Im Chicago-Look, Tibor Kasics mit Band in Engelberg, 1933.

Kundgebung zum Kriegsende

Vorwärts in eine neue Welt

Ein Spiel in neun Bildern.

Regie: Mathilde Danegger, Robert Trösch. **Musik:** Tibor Kasics. **Musikalische Leitung:** Hans Rogner. **Bühnenbild:** Max Huber.

Mitwirkende: Mathilde Danegger, Hans Kaes, Karl Suter, Sigfriet Steiner, Robert Trösch. (86455

Vom Sängerkartell Zürich: Arbeiter-Männerchor Wiedikon und Albisrieden.

Singgruppe, Freie Jugend m. Kabarettgruppe, Arbeitermusik Union, «Amuz».

Dienstag, den 15. Mai

20 Uhr, Theatersaal Volkshaus Zürich 4

Partei der Arbeit Stadt Zürich

18
Aufruf zu einem politischen Festspiel, zu dem Tibor Kasics die Musik komponierte, 1945.

Erwartungen erfüllen wollte, musste er sich selbst verleugnen. Tibor Kasics aber war zu diesem Zugeständnis nicht bereit:

> Der Fluch ist, dass ich eben im Gegensatz zu vielen Musikern nicht einfach Spiessbürger und Talent bin, sondern alles mögliche andere.[37]

IN KÜNSTLERKREISEN Tibor Kasics' Entschluss, Jazzmusiker zu werden, bedeutete nicht nur eine Abgrenzung vom bürgerlichen Musikleben, er brachte ihn auch in neue Kreise. In Berlin lernte er Künstlerinnen und Künstler kennen, die so genannte Bohème. Statt bei gestrengen Zimmerherrinnen wohnte er jetzt mit seinen Künstlerfreunden Werner Finck und Hans Meyer-Hanno im Atelier eines Malers. Mit Bauhaus-Möbeln schuf er sich ein selbst gewähltes Ambiente. Er spielte auf Künstlerbällen und Festen, die sich bis ins Morgengrauen hinzogen, und nutzte sein humoristisches Talent zu parodistischen Auftritten. Das war wahrlich etwas anderes, als nach den Konzerten mit seiner Mutter im Frack den massgebenden Leuten zu huldigen.

Zur Bohème gehörte aber auch politisches Bewusstsein. Tibor Kasics gelangte zu Überzeugungen, die sein ganzes Leben prägen sollten, wie sein Sohn Kaspar Kasics erzählt:

> Mein Vater war ein politisch beseelter Mensch. Aber nicht parteipolitisch, sondern gesellschaftspolitisch im Sinn eines stets revolutionären Grundgestus, auch wenn es nur in der Theorie war: Antikapitalismus, Verstaatlichung der Produktionsmittel, Befreiung des Menschen von der Unterdrückung – die urmarxistischen Grundpositionen hat er immer vertreten.[38]

Diese Politisierung war zweifellos eine Frucht der Berliner Jahre. Tibor Kasics verkehrte in linken Kreisen – nicht nur im Umfeld der *Katakombe* –, in denen die Sowjetunion ein heiss diskutiertes Thema war. Auch hatte er eine russische Freundin namens Njussja, die ihn auf die Idee brachte, nach Russland zu fahren und sich die dortigen Verhältnisse anzuschauen. Tatsächlich erwähnte er in seinen persönlichen Aufzeichnungen aus dem Jahr 1934 eine «missglückte Russlandfahrt»,[39] die im Elternhaus dennoch hohe Wellen schlug. Ozman Kasics schrieb am 9. Oktober 1931:

> Dass Du ein «Revolutionär» bist, glaube ich nicht. Wohl hast Du eine grosse Portion Auflehnung in Dir gegen die bestehende Weltordnung, in welcher Du Dich noch nicht placiert hast, aber wenn Du wirklich ein geistiger, weichherziger, kritischer und lernender Mensch bist, wie wir beide glauben, dann überlasse diesen «Beruf» anderen.
> Sollst Du also Revolutionär werden oder, deutlicher gesprochen, soll in den kommenden Jahren in Europa eine allgemeine sozialistische Revolution kommen, und solltest Du da eine Rolle spielen, so würde ich das als unser Schicksal erachten und als etwas Unveränderliches auf mich nehmen. – Vorläufig aber denke nicht daran, denn das ist nur für Gauner und Betrüger ein «Beruf».

Tibor Kasics gab seinen Russlandplan nicht so rasch auf. Im Februar 1932 schrieb eine Berliner Tänzerin, die nach Moskau gezogen war, sie freue sich auf sein Kommen und sehe für ihn «ganz besonders viel Arbeitsmöglichkeiten».[40] Vom «Beruf» des Revolutionärs liess Tibor Kasics die Finger. Seine politisch fortschrittliche Haltung mündete aber in gewerkschaftlichen Aktivitäten, wo immer er angestellt war, sowie in seinen Engagements bei der *Katakombe* oder später beim *Cabaret Cornichon* und in Kompositionen, die er im Auftrag des Arbeiter-Sänger-Kartells Zürich (*Jemand*, 1938) oder der Partei der Arbeit (*Vorwärts in eine neue Welt*, 1945) schrieb.

In einem Schreiben bedankte sich die Partei der Arbeit für Kasics' Unterstützung. Die Aufführung von *Vorwärts in eine neue Welt* habe an der Maifeier 1945 grosse Begeisterung ausgelöst. Doch ganz reibungslos war die Zusammenarbeit nicht verlaufen. Tibor Kasics hatte während der Proben feststellen müssen, dass die Arbeiterchöre nicht imstande waren, seine Komposition zu singen – worauf er als Dirigent sofort zurücktrat. Der Sekretär der PdA legte in seinem Brief an Kasics seine Position dar:

Es ist sicher richtig, dass die Chöre noch sehr wenig geschult waren und dass teilweise auch eine etwas ungenügende Besetzung vorhanden war. Und doch glaube ich, feststellen zu können, dass diese Mängel gerade durch die Tatsache aufgehoben wurden, dass wir es hier mit einer engen Verbindung des künstlerischen Schaffens mit den Bestrebungen der kämpferischen Arbeiterbewegung zu tun haben. Bei einer solchen Aufführung herrschen doch andere Gesetze als beim allgemeinen Musikleben![41]

Dass für die Arbeiterbewegung spezielle musikalische Kriterien gelten sollten, diese Meinung teilte Tibor Kasics ganz und gar nicht. Die Kunst hatte für ihn allgemein gültige Gesetze, die auch Arbeiter auf der Bühne erfüllen mussten.

Politische Äusserungen in der Öffentlichkeit waren von Tibor Kasics allerdings kaum je zu hören. Gründe dafür gibt es genug. Ein Ungar, der in den 1930er- und 1940er-Jahren in der Schweiz lebte, tat gut daran, seine linken Überzeugungen nicht offen kundzutun. Auch in den Jahren des Kalten Kriegs hatte es schwer wiegende Konsequenzen, wenn jemand mit dem Kommunismus sympathisierte. Dennoch hatte sich Kasics schon in den frühen 1930er-Jahren für die *Zürcher Volksbühne* engagiert, einem losen Zusammenschluss verschiedenster Künstler, die der Kommunistischen Partei nahe standen, wie der spätere Filmregisseur Kurt Früh, der Dirigent Rolf Liebermann oder Margrit Rainer, die nachmalige Kabarettistin. Auch die Schauspielerin Mathilde Danegger war dabei, die nach dem Krieg bei Bertolt Brecht am Berliner Ensemble spielte, Katharina Renn, Robert Trösch, Huldreich Früh und Emigranten wie Leonhard Steckel und Wolfgang Heinz. Ruth Häusler-Guggenheim, die wie andere Laien die Volksbühne mitgetragen hatte, erinnert sich:

Wir waren damals die Intellektuellen, also der kulturelle Flügel der Linken, und waren natürlich politisch schon sehr aktiv. Wir spielten in der «Sonne» an der Hohlstrasse, wo heute alle Prostituierten sind. Das war damals ein Arbeiterlokal, ein Lokal für die «Büetzer». Da gab es eine Bühne, wo wir unsere Stücke spielten, den «Hans im Glück» zum Beispiel. Tibor habe ich aber immer nur von hinten gesehen, seinen grossen Kopf vor dem Klavier. Ich weiss noch, dass wir uns geweigert haben, bei der SP zu spielen, und dass die sauer auf uns waren, weil wir für die KP spielten. Aber wir haben einfach Kultur für die Arbeiter gemacht. An allen Festen der Partei haben wir gespielt, oder im Volkshaus, das immer voll war.[42]

Nach den Vorführungen habe man sich jeweils in einschlägigen Zürcher Lokalen getroffen, um zu trinken und zu debattieren. Auch über die Sowjetunion, die für alle eine grosse Hoffnung gewesen sei.

Trotz seinem Einsatz für die Arbeiterbewegung riss Tibor Kasics' Bindung an sein grossbürgerliches Elternhaus nie ganz ab. In der Familie Kasics-Durigo wurde zwar mancher Streit ausgefochten, doch erhielt Tibor auch nach dem angedrohten Finanzstopp immer wieder Geld von zu Hause. Die Eltern unterstützten, widerwillig zwar, seine Laufbahn als «Musikproletarier», und als Ilona Durigo selbst in finanzielle Nöte kam, half ihr der Sohn, wo er nur konnte. Mit dem Wechsel in die Unterhaltungsmusik hatte sich Tibor Kasics zwar ein neues Arbeitsumfeld geschaffen, das Elternhaus blieb aber untergründig mächtig wirksam: Arbeit, Fleiss, Pflichterfüllung, Selbstdisziplin und Ordnung – diese urbürgerlichen Werte waren für Tibor Kasics unantastbar und strukturierten ein Leben lang seine Arbeitshaltung.

ANSTELLUNG UND FREIES SCHAFFEN

1932 kehrte Tibor Kasics aus Berlin nach Zürich zurück. Beruflich bedeutete dies für ihn keinen Schritt ins Leere. Er wusste, dass ihm die vielfältigen Erfahrungen aus der modernen Grossstadt auch in der Schweiz zugute kommen würden.

In der *Katakombe* hatte Tibor Kasics neben Chansons und Liedern auch Bühnenmusik komponiert, die zwischen den einzelnen Darbietungen überleitete oder zu deren Begleitung diente. Auch Pantomimen und Tänze wurden häufig mit Musik unterstützt. Dies bildete nun die Grundlage für Aufträge in verwandten Genres. Gemeinsam mit dem Schweizer Pianisten Werner Kruse schrieb er die Musik für *Fridolin en route* des *Tanztheaters Trudi Schoop*. Im Juli 1932 nahm die Produktion an einem internationalen Wettbewerb in Paris teil und erreichte den zweiten Platz. Tibor Kasics hatte die Orchesterleitung inne und spielte zusammen mit Kruse am Flügel. Im Herbst zeigte das *Tanztheater Trudi Schoop* das Stück im Schauspielhaus Zürich.

Im gleichen Jahr erhielt Tibor Kasics vom Schauspielhaus den Auftrag, die Musik für die Operette *Morgen geht's uns gut* von Ralph Benatzky zu arrangieren. Als Vermittlerin dürfte Trudi Schoop gewirkt haben, aus deren Truppe für diese Produktion Tänzerinnen engagiert worden waren. Nach erfolgreicher Aufführung bot Schauspielhausdirektor Ferdinand Rieser Tibor Kasics für die Saison 1932/33 einen Vertrag als Pianist, Schauspielkapellmeister und Hauskomponist an, der bis 1935 verlängert wurde.

Am Schauspielhaus Zürich brachte Tibor Kasics 1933 mit der Revue *Höchste Eisenbahn* von Friedrich Holländer seine erste Produktion auf die Bühne. Das Stück war im Jahr zuvor im *Tingeltangel* in Berlin uraufgeführt worden und stand ihm zur Verfügung, weil er mit Holländer befreundet war.

Tibor Kasics führte damit die Kabarettistische Revue im Schweizer Theater ein. Rudolf Nelson und Friedrich Holländer gelten als die Begründer dieser aus Elementen von Unterhaltungsshow, Komödie und Kabarett bestehenden Mischform, die durch eine Rahmenerzählung zusammengehalten wird.

Für seine Arbeit am Schauspielhaus Zürich bekam Tibor Kasics allgemein sehr gute Kritiken. Allerdings sah er für sich an diesem Ort kein künstlerisches Fortkommen. Die Entscheidung dürfte ihm leicht gefallen sein, als er vom *Cabaret Cornichon* das Angebot zur Übernahme der musikalischen Leitung erhielt. Der Wechsel zur Kleinkunstbühne bedeutete keineswegs einen Abstieg – im Gegenteil: Kasics wurde am *Cornichon* ein grösseres Pensum angeboten und mehr Verantwortung übertragen. Zudem galt die Pfauen-Bühne zu dieser Zeit noch als Unterhaltungs-Theater, in dem viele Operetten, Schwänke und manchmal auch Variétés und Kabaretts gezeigt wurden. Insgeheim erhoffte sich Kasics von seinem Wechsel zum *Cornichon*, vermehrt Theaterarbeit machen zu können: Gleich nach seinem Einstieg im Herbst 1935 versuchte er eine Stepp-Nummer einzubringen – allerdings vergeblich.

Im Vergleich zu anderen Komponisten hatte Kasics ein Handicap: Er schrieb nicht. Im Unterhaltungsbereich waren in der Regel aber jene erfolgreich, die verschiedene Talente zu verbinden verstanden. Nelson und Holländer hatten beide eine klassische Musikausbildung und begannen später, Kabarettnummern und Revuen zu texten, für die sie Aufführungsmöglichkeiten suchten. Kasics komponierte ausschliesslich, und immer nur auf Auftrag oder im Rahmen einer Anstellung. Niemals schrieb er aus eigenem Antrieb ein Stück, für das er einen Produzenten hätte suchen müssen.

CABARET CORNICHON Im Mai 1934 gab das *Cabaret Cornichon* in Zürich seine erste Vorstellung. Nach anfänglichen Schwierigkeiten war diesem Kabarett schweizerischer Prägung ein enormer Erfolg beschieden. Bereits im März 1936 strahlte das Radio einige Nummern aus. Im gleichen Jahr zeigte das Theater Corso am Bellevue die *Cornichon*-Revue *Hansjoggel im Paradies:* Das im Vergleich zum «Stammhaus» Hotel Hirschen mit 1400 Plätzen riesige Theater liess sich problemlos füllen.

Das *Cornichon* zeigte neben Sketches zur Hauptsache gesungene Nummern, die stets von einem Pianisten intoniert wurden. Mit Tibor Kasics engagierte man einen «musikalischen Leiter», der komponieren, begleiten und Musikproben leiten konnte. Man hatte ihn am Schauspielhaus als Leiter von Revuen gesehen und wollte sich zusätzli-

ches theatermusikalisches Know-how verschaffen. Allerdings gehörte der für die Musik verantwortliche Tibor Kasics nicht der *Cornichon*-Leitung an, wie die Funktionsbezeichnung fälschlicherweise suggerierte. Die Direktion bestand nur aus dem «künstlerischen Leiter» Walter Lesch und dem «administrativen Leiter» Otto Weissert. Dies, obwohl Tibor Kasics neben der musikalischen Arbeit auch mit der administrativen Verwaltung des Notenmaterials beauftragt war und teilweise bei der Regie mitarbeitete. Die für Otto Weissert gewählte Bezeichnung «administrativer Leiter» war eigentlich eine Tarnung. Der Deutsche Weissert war mit einer Jüdin verheiratet. Er emigrierte 1934 in die Schweiz mit dem Ziel, ein Kabarett zu gründen. Gemäss damaligen Richtlinien hätte er aber nie eine Arbeitsbewilligung als Künstler erhalten, weshalb er stets als Manager in den Hintergrund gerückt und auf den Programmfaltblättern bis 1945 nicht erwähnt wurde. Dies entsprach aber nur einem Teil von Weisserts Tätigkeiten, komponierte er doch unter dem Pseudonym Berthold Hein immer wieder *Cornichon*-Nummern und war massgeblich an den Kabarett-Texten beteiligt. Es ist denkbar, dass Kasics' Stelle eines «musikalischen Leiters» ebenfalls dieser Vertuschung von Weisserts breitem Arbeitsfeld dienen sollte. Tibor Kasics' Nationalität allerdings versuchte man im *Cornichon* nie zu verheimlichen, war Ungarn doch die Heimat berühmter Musiker und Komponisten aus dem unterhaltenden Operetten-Bereich, wie zum Beispiel Léhar und Kálmán.

Komponieren war ein zentraler Bestandteil von Kasics' Arbeit beim *Cornichon*. Ein Programm setzte sich durchschnittlich aus 15 hauptsächlich gesungenen Nummern zusammen. Die Hauskomponisten Tibor Kasics und Otto Weissert steuerten jeweils zu rund vier Nummern eine Komposition bei. Die Zuteilung wurde mehrheitlich durch die *Cornichon*-Leitung vorgenommen, wie Kasics später in einem Interview erklärte:

> Ich habe immer die schwierigen und grossen Ensemblenummern bekommen, die man geschäftlich nie als Bombe angesehen hat, für die man allerdings einen studierten Musiker brauchte. Eine Ensemblenummer kann nicht jeder einfach so aus dem Ärmel schütteln.[43]

Von Kasics stammen in der Tat meist die mehrstimmigen Beiträge und solche, die von Strophe zu Strophe stark variieren und verschiedene Musikstile aufnehmen.

Neben den Ensemblenummern musste Kasics auch Lieder komponieren, die aufgrund des starken Programmzu-

19
Tibor Kasics unterwegs, 1934.

20
Plakat zum *Cornichon*-Programm, *Gradus!* ist eine Persiflage des nazistischen Fröntlergrusses Harus!, 1935.

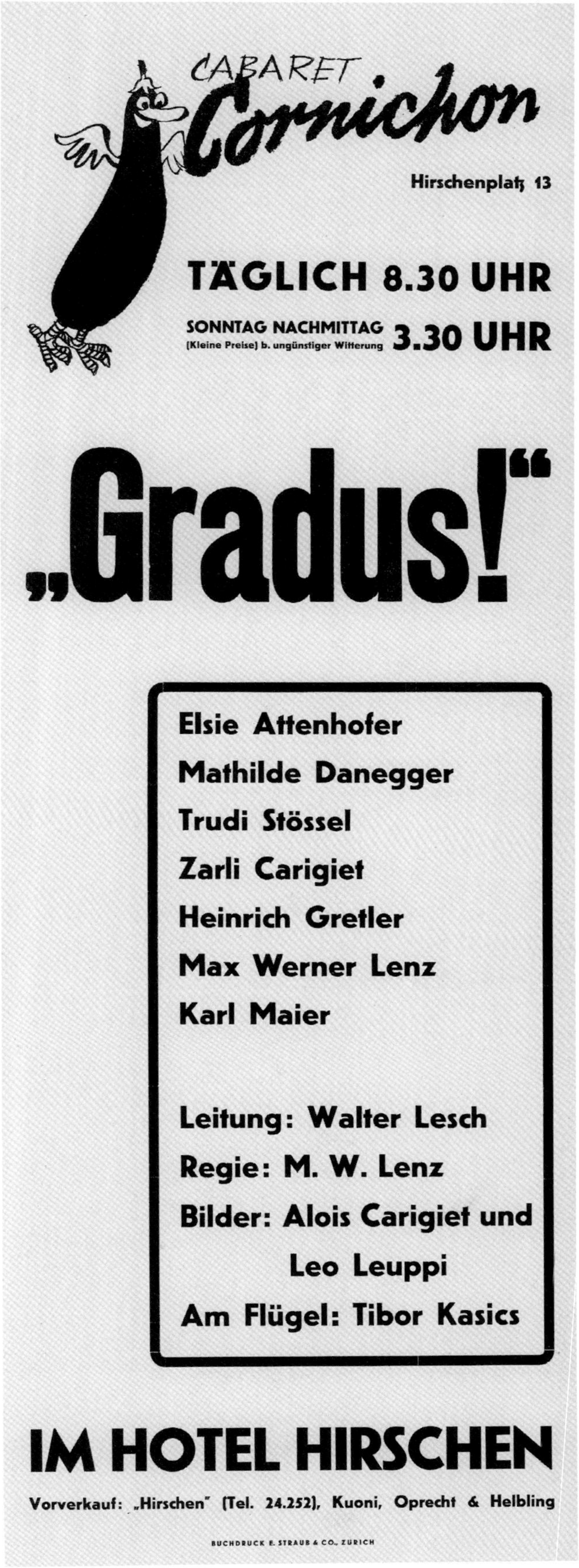

1. **Xundheit**
   Das Ensemble
   TEXT: KÜBLER / MUSIK: BERTHOLD HEIN

2. **Prophylaxe**
   Neuburg
   TEXT: LENZ

3. **Xundi Ferie**
   Gretler
   TEXT: LESCH / MUSIK: TIBOR KASICS

4. **Bim Tierarzt**
   Attenhofer, Danegger, Neuburg
   TEXT: LESCH / MUSIK: TIBOR KASICS

5. **Hüt isch's jo glych**
   Rasser
   TEXT: BOLO / MUSIK: BERTHOLD HEIN

6. **Diagnose**
   Das Ensemble
   TEXT: C. F. VAUCHER

7. **S' isch nu nervös**
   Danegger
   TEXT: LESCH / MUSIK: TIBOR KASICS

8. **Melke dich xund**
   Carigiet
   TEXT: LESCH / MUSIK: BERTHOLD HEIN

9. **Lerne klagen ohne zu leiden**
   Das Ensemble
   TEXT: LENZ-LESCH / MUSIK: BERTHOLD HEIN

Pause

21
Faltblatt zum *Cornichon*-Programm *Xundheit!*, 1937.

22
Seiten 40/41: *Undereinisch*, *Cornichon*-Lied von Tibor Kasics und Walter Lesch, 1935.

sammenhangs das *Cornichon* nicht überlebt haben – dazu zählen thematisch abgestimmte Schlussnummern, Anfangslieder oder das Lied vor der Pause, also eher Gebrauchsnummern, auf die kein Künstler erpicht war. Allerdings wurden auch einige seiner Kompositionen zu wahren *Cornichon*-Klassikern, wie *Die sieben Schweizer Todsünden, Der alte Emil, S'wär ewig schad...* oder *Weine, Bajazzo!*

Das *Cornichon* verstand sich als politisches Unterhaltungskabarett. Man bemühte sich, in den einzelnen Programmen ein breites Spektrum abzudecken: Melancholisch-nachdenkliche Nummern wurden von politisch bissigen, diese wiederum von reinen Klamauknummern abgelöst.

Undereinisch aus dem Programm *Gradus!* vom September 1935 ist eines der ersten Lieder, die Tibor Kasics für das *Cornichon* komponierte. Walter Leschs Text ist eine heftige Antwort auf die Umtriebe der Fröntlerbewegung in Zürich, die Kasics mit seiner Musik noch zuspitzt. In den ersten gemächlichen, fast einschläfernden Zeilen ist von selbstgerechten Bürgern die Rede, welche die faschistischen Tendenzen in der Schweiz bagatellisieren. Plötzlich («undereinisch») wird der Rhythmus gebrochen, und die gemütliche Melodie geht in eindringlichen Sprechgesang über. Nun wird Klartext gesprochen:

Doch undereinisch
Lueg jetzt da!
Wer hätte das gedacht!?
Sött's Schwyzerchrüz
Än Haagge ha –
Doch dänn würd's schwarz wie d'Nacht.
Dänn chlöpft's und tätscht's und tschätteret's
Dänn pfiift än andre Wind!
Und dänn, ihr Buebe, schmätteret's
Eu äntli uf dä Grind![44]

Im Gegensatz zum kämpferischen *Undereinisch* ist das Lied *Mondkalb* moderater. Es karikiert die so genannte Swingjugend, die sich – so ihr Ruf – nur mit Oberflächlichkeiten abgibt. Die Nummer besticht vor allem durch ihre musikalische Raffinesse: Die Strophe «Swing, Baby, swing» ist rhythmisch ein Swing, aber zur Melodie des Kinderliedes *Schlaf, Kindlein, schlaf!* Damit bringt Kasics die politische Intention des Liedes auf den Punkt. Einer guten Sängerin wie Voli Geiler bot das Lied variierende Ausdrucksmöglichkeiten. Es wurde daher zu einem Highlight der *Cornichon*-Nummern:

's isch e Kataschtrophe! Eini vo de gröschte!
Und me weiss vor luuter Chlöne nöd wohi!
Nu no eis, nu's Tanze chann eim tröschte,
Nu de Rhythmus und e Schlagermelodii!
Swing, Baby, swing!
Komm tanz mit mir und swing!
Der Kummer macht das Herz Dir wund,
Das Saxophon spielt dich gesund.
Swing, Baby, swing![45]

Mondkalb ist ein Paradebeispiel für auf hohem Niveau unterhaltend komisches Kabarett, das gleichzeitig gesellschaftliche Verhaltensweisen kritisiert.

Den grössten Zeiteinsatz leistete Tibor Kasics als musikalischer Leiter der Proben. Das Einstudieren der Ensemble-Gesangsnummern war für alle Beteiligten immer wieder eine Herausforderung. Der begnadete Berufsmusiker Tibor Kasics musste mit einer Schauspielergruppe zusammenarbeiten, die zu einem guten Teil aus Laiendarstellern bestand. Emil Hegetschweiler war gelernter Konditor und verfügte über Theatererfahrung aus Produktionen des *Dramatischen Vereins Zürich*. Zarli Carigiet stiess als Naturtalent über seinen Bruder, den Grafiker und *Cornichon*-Bühnenbildner Alois Carigiet, zum Kabarett. Margrit Rainer betreute im ersten Programm noch die Kasse und wurde eher zufällig zur Darstellerin. Und auch Elsie Attenhofer hatte neben ihrer Hauptbeschäftigung als bildende Künstlerin nur wenige Schauspielstunden genommen. In einem Interview spricht Kasics von einem stets willigen Ensemble, das sich gegenseitig unterstützt habe – nur für professionelle Darsteller seien solche Gruppenproben lästig gewesen, weil sie wegen der Laien gewisse Stellen hundert Mal wiederholen mussten. Für Gesangsproben entwickelte Tibor

Gemütlich
3X
Im Som-mer, so vom Juni a wirds Wätter mängmal z'schön. Es
isch zum alles lampe lah und das chunt vo vom Föhn. Mä-n-isch sogar zum
Ässe z'ful und weiss nöd was mä will. Mä hätt en Chlumpe Sand im
Mul Und alles isch eim z'vil.
I. Stroph „Donner“!
Doch undereinisch
Tempo
rit.

Oha lätz! Wer hätte das ge - dacht? Hätts ober - halb än
Schnell
schnell
rit.
Tempo
dunkle Blätz und dänn wirds schwarz wie d'Nacht. Es chlöpft und täscht und
rit.
Cm G As
3x
2x
tschätteret es gaht en chüele Wind Und wers nöd haut dem schmätteret d
Hagel uf de Grind. Und wers nöd haut dem (Schmätterets dä Hagel uf de Grind.

23
Das Mondkalb, Voli Geiler in typisch ausgestatteter *Cornichon*-Nummer von Walter Lesch und Tibor Kasics, 1941.

Kasics Vorgehensweisen, die auf die einzelnen Personen exakt zugeschnitten waren:

> Was ich immer schon gemacht habe, seit ich überhaupt Gesangsbegleiter bin: Ich habe auf die Diktion geachtet. Auf die Deutlichkeit der Aussprache. Rein technisch. Das habe ich beim Cornichon auch machen müssen. Vor allem mit denen, die das nicht gut konnten. Bei Zarli ist es natürlich schwierig gewesen, weil der völlig unbehauen war. Weniger noch als sonst jemand. Er war eigentlich nur ein Selbst-Darsteller. Und so musste ich immer irgend etwas finden, wie er es bringen könnte. Mit technischen Vorschriften kann man da nicht landen! Das geht nicht. Mit Atemführung oder irgendwelchen Schauspieltechniken kann man da nicht kommen![46]

Von eminenter Wichtigkeit für die kreative Kabarett-Arbeit war das Abstimmen von Text und Musik. In der Regel feilten Autor und Komponist intensiv an den einzelnen Nummern, bis man sich zufrieden gab:

> Genau wie der Schriftsteller, wenn der einen Einfall hat und den dann bearbeitet, so gibt es das auch in der Musik. Ich habe einen Einfall, und jetzt bedingt aber mein Einfall eventuell eine andere Zeilenfolge oder eine andere Reihenfolge, weil sich die Musik ja auch reimt. Hier haben wir diesen ewigen Streit, das ist überall so, auch bei den Schlagerkomponisten. Der grosse Konflikt: Muss jetzt der Textdichter ändern oder muss der Musiker mit einem anderen Thema kommen? Da habe ich mit dem Lesch immer sehr gut zusammenarbeiten können. Zum Beispiel, dass ich als Vorschlag gesagt habe: «Das ist ganz klar geschrieben! Das ist schlagend gesagt, diese ersten drei Zeilen. Ich erfinde dazu, wenn ihr das gut findet, einen Refrain.» Denn es waren ja meistens Refrainlieder, in denen sich eine Melodie oder der Text wiederholt. Es ist immer das die Frage: Was machen wir etwa im dritten Vers mit dieser Melodie, wenn plötzlich eine andere Aussage kommt oder anders formuliert wird? Und so muss eben allenfalls der Textdichter umformulieren zu Gunsten der bereits entworfenen Musik. Schwieriger bei Lenz, weil er sprachlich «entêté» gewesen ist. Wenn er etwas formuliert hat, dann musste das so sein! Da konnte man nicht noch ein «und» oder eventuell etwas anderes dazu fügen. Das gab es nicht. Da ist er sehr hart gewesen. Lesch weniger, viel weniger. Aber immerhin, ich habe auch bei Lenz Änderungen erlebt.[47]

Im *Cornichon* herrschte ein strenger Alltag: Tibor Kasics probte am Morgen und am Nachmittag mit dem Ensemble für das kommende Programm, und abends begleitete er die Vorstellung. Dies bei drei uraufgeführten Programmen pro Saison und nachfolgenden Tourneen durch die ganze Deutschschweiz! Als erfolgreiches Unternehmen konnte das *Cornichon* seinen Mitgliedern aber Gagen zahlen, die sich durchaus mit jenen grosser Theater messen konnten.

Dennoch traten schon früh Spannungen auf. Ab 1933 wurde es im Zürcher Kulturbetrieb für Arbeitsuchende eng. Gerade im Theaterbereich gab es viele Heimkehrer und Emigranten aus Deutschland. Im *Cornichon* trafen somit Akteure mit teilweise völlig unterschiedlichem politischem, künstlerischem und ökonomischem Hintergrund aufeinander, was die Verständigung im Ensemble erschwerte. Am heftigsten waren Tibor Kasics' Differenzen mit Regisseur und Autor Max Werner Lenz. Anfang 1938 kam es zum Bruch. Lenz drohte mit seinem Abgang, da er nicht mehr mit Kasics zusammenarbeiten könne. Nach einer Aussprache entschied sich die *Cornichon*-Leitung für ihren Autor und Regisseur, schloss dann aber doch wieder einen Vertrag mit Kasics ab. Dieser galt für die Saison 1938/39, enthielt nun aber «verschärfte Bedingungen», wie etwa die einmonatige Kündigungsfrist im Fall von «Reibungen». Man regelte sogar das gerichtliche Vorgehen, falls es Streit darüber geben sollte, was «Reibungen» sind.

Als Tibor Kasics mit dem *Cornichon* an der Landesausstellung 1939 engagiert war, erhielt er ein Angebot für eine Teilzeitstelle am Stadttheater Zürich. Nach einvernehmlicher Besprechung mit der *Cornichon*-Direktion, die der

24
Das *Cabaret-Cornichon*-Ensemble, 1936. Von links nach rechts: Alfred Rasser, Emil Hegetschweiler, Mathilde Danegger, Karl Meier, Tibor Kasics, Zarli Carigiet, Trudi Stössel, Katharina Renn.

25
Sekundengenaues Komponieren, «Längenliste» zum Werbefilm *Golden Pass*, 1958.

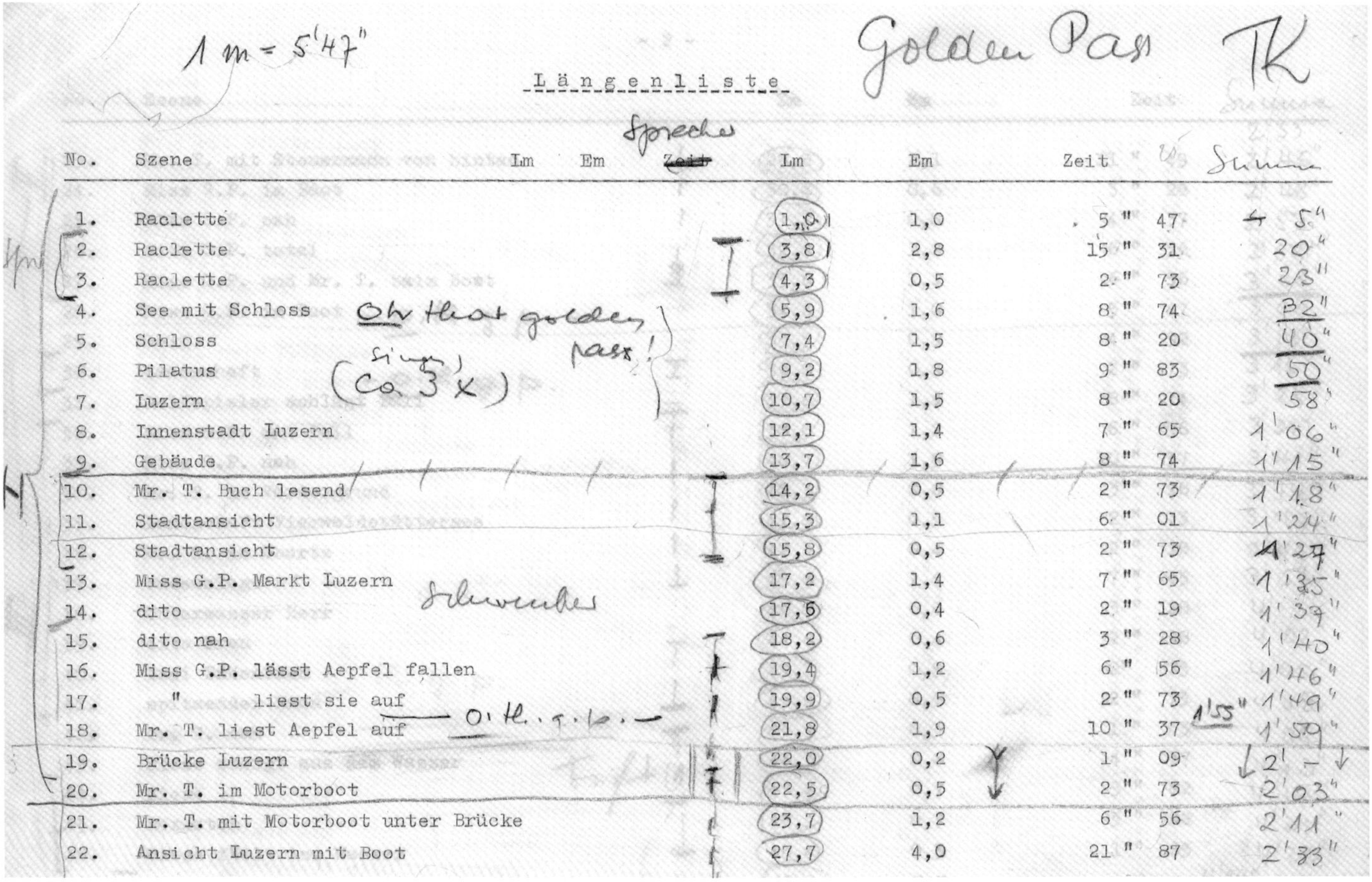

Längenliste

No.	Szene	Lm	Em	Zeit
1.	Raclette	1,0	1,0	5 " 47
2.	Raclette	3,8	2,8	15 " 31
3.	Raclette	4,3	0,5	2 " 73
4.	See mit Schloss	5,9	1,6	8 " 74
5.	Schloss	7,4	1,5	8 " 20
6.	Pilatus	9,2	1,8	9 " 83
7.	Luzern	10,7	1,5	8 " 20
8.	Innenstadt Luzern	12,1	1,4	7 " 65
9.	Gebäude	13,7	1,6	8 " 74
10.	Mr. T. Buch lesend	14,2	0,5	2 " 73
11.	Stadtansicht	15,3	1,1	6 " 01
12.	Stadtansicht	15,8	0,5	2 " 73
13.	Miss G.P. Markt Luzern	17,2	1,4	7 " 65
14.	dito	17,6	0,4	2 " 19
15.	dito nah	18,2	0,6	3 " 28
16.	Miss G.P. lässt Aepfel fallen	19,4	1,2	6 " 56
17.	" liest sie auf	19,9	0,5	2 " 73
18.	Mr. T. liest Aepfel auf	21,8	1,9	10 " 37
19.	Brücke Luzern	22,0	0,2	1 " 09
20.	Mr. T. im Motorboot	22,5	0,5	2 " 73
21.	Mr. T. mit Motorboot unter Brücke	23,7	1,2	6 " 56
22.	Ansicht Luzern mit Boot	27,7	4,0	21 " 87

Abstimmung der beiden Aufgaben dienen sollte, bekam Tibor Kasics eine völlig unerwartete, äusserst wortkarge und durchaus beleidigende Kündigung. Damit wurde ihm die musikalische Leitung des *Cornichon* definitiv entzogen. Dies änderte jedoch nichts an der weiteren, wohl auf gegenseitiger Abhängigkeit beruhenden Zusammenarbeit: Kasics schrieb bereits für das Programm *Limmat-Athen* vom Herbst 1940 drei Lieder und steuerte auch später immer wieder Kompositionen bei.

MUSIK FÜR DEN FRÜHEN SCHWEIZER FILM Die auch in der Schweiz aufkommende Filmindustrie blieb für den experimentierfreudigen Tibor Kasics stets ein Anreiz.[48] Allerdings waren in der kleinen schweizerischen Filmszene, die von den Firmen Praesens-Film AG und Central-Film dominiert wurde, persönliche Kontakte von entscheidender Bedeutung.

Im frühen Schweizer Film ist so etwas wie ein festes Personal zu beobachten. Über Jahre hinweg war Leopold Lindtberg Regisseur, Richard Schweizer Drehbuchautor, Robert Blum Filmkomponist, und die Rollen übernahmen meist Darsteller vom Schauspielhaus Zürich und vom *Cabaret Cornichon*. Wer zu diesem Kreis gehörte, hatte gute Chancen, einem grossen Publikum bekannt zu werden und immer wieder Aufträge zu erhalten.

Tibor Kasics erhielt 1935 von der Vereinigung Schweizer Schul- & Volkskino (SSVK) den Auftrag, für den Film *Zyt isch Gäld* die Musik zu komponieren. In diesem 50-minütigen Schulspielfilm gab Margrit Rainer ihr Leinwanddebüt. Neben ihr und Kasics wurden für diesen Film noch eine ganze Reihe weiterer *Cornichon*-Schauspieler engagiert.

1937 vereinbarte die Praesens-Film AG mit Tibor Kasics, dass dieser die Filmmusik für einen Dialektfilm komponieren sollte. Merkwürdigerweise ist daraus keine Zusammenarbeit hervorgegangen. Es kann sich dabei eigentlich nur um den *Füsilier Wipf* gehandelt haben. Für den zum grossen Film der Geistigen Landesverteidigung gewordenen Streifen wurden wiederum zehn Schauspieler aus dem *Cabaret Cornichon* engagiert. Die Mitarbeit am *Füsilier Wipf* wäre für Kasics eine einmalige Gelegenheit gewesen, in dieser Branche Fuss zu fassen. Tibor Kasics' konfliktbehaftete Situation beim *Cornichon* dürfte ihm von dieser Seite keine besondere Empfehlung eingebracht haben. Schliesslich war es Robert Blum, der die Filmmusik komponierte. Dieser profitierte von seiner Zusammenarbeit mit der Praesens-Film AG für den zweiten schweizerischen Dialekt-Langspielfilm *Jä-soo!* (1935). Nach dem ansprechenden Erfolg dieses kabarettistischen Films wurde Blum auch für die kommenden Produktionen angefragt. Er wurde schliesslich

Hauskomponist der Praesens und brachte es auf 45 Kompositionen für Spielfilme und 70 für Dokumentarfilme!

Filmmusik schrieb Kasics schliesslich für Dokumentar- und Werbefilme. So etwa für den Praesens-Film *Zürich baut,* der vom städtischen Tiefbauamt in Auftrag gegeben und später an der Landesausstellung 1939 gezeigt wurde. Damit war natürlich kein vergleichbares Echo zu erzielen wie mit den Kassenschlagern *Füsilier Wipf, Landammann Stauffacher* oder *Marie-Louise.*

Kasics kam schliesslich der Kontakt zu C. A. Schlaepfer zu Gute, mit dem er den Film *Zyt isch Gäld* gedreht hatte. Schlaepfer gründete nach seinem Austritt aus der SSVK die Pro Film AG, für deren Werbefilme *Füür im Huus!* und *Die aufregende Reise der Babette Stürmli* (beide 1939) er wieder auf Kasics zurückgriff. Rückschläge verschiedener Art verhinderten aber einen grösseren Erfolg der Pro Film AG. Damit zerschlug sich für Tibor Kasics eine weitere Möglichkeit, Musik für Spielfilme zu schreiben.

In einer Zeit ohne entsprechende Apparaturen bedeutete das Schreiben von Filmmusik, dass man mit der Stoppuhr in der Hand komponieren musste. Kasics' Aufzeichnungen zeigen die sekundengenaue musikalische Nachbearbeitung von Filmen, in denen Rhythmus, Melodie und Instrumentierung perfekt mit Aussage und Schnitt übereinstimmen mussten. Die Abrechnungsmodalitäten erinnern eher an Fliessbandarbeit denn an Kunst: Bezahlt wurde nach Länge des Films. Für den erwähnten Film *Füür im Huus!* im Auftrag der kantonalen Feuerversicherung Zürich erhielt Kasics einen Franken pro Meter. Für die 180 Meter Film, die mit Musik unterlegt werden mussten, bezahlte man also 180 Franken.

26
Tibor Kasics mit seiner BSA 500, 1935.

27
«Unterwegs», 1936.

Zu einem besonderen Zusammenwirken von Film, Theater und Musik kam es im Rahmen der Landesausstellung 1939 in Zürich. Der Verband der Schweizer Chocolatiers plante das so genannte *Choco-Theater,* das mittels Verbindung von Bühne und Leinwand zu einer attraktiven Werbeplattform für das Produkt «Schweizer Schokolade» werden sollte. Man drehte fünf Kurzfilme, die mit einer ausserhalb des Films existierenden Person korrespondierten. Diesen Part übernahm ein live agierender Schauspieler auf der Bühne vor der Leinwand. Im Film *Die aufregende Reise der Babette Stürmli* reicht die Filmschauspielerin Margrit Rainer dem Conférencier ein Stück Schokolade, das dieser entgegenzunehmen vorgibt, um es nachher ins Publikum weiterzureichen. Für Film und Bühnengeschehen des *Choco-Theaters* komponierte Tibor Kasics die Musik. Darunter war auch der beliebte *Schokolade-Schlager,* der sogar auf Schallplatte aufgenommen wurde. Das *Choco-Theater* war sehr erfolgreich, nicht zuletzt wegen der formalen Eigenwilligkeit der Aufführung.[49]

Man kann sich Tibor Kasics' damaligen Berufsalltag nicht bewegt genug vorstellen. Er musste immer wieder von einem Genre auf das nächste umstellen: Vom Kabarett zu einem Filmprojekt, vom *Choco-Theater* zu einem klassischen Konzert, von der Leitung eines Chores zu einer Theateraufführung. Beruflich war er viel unterwegs, etwa mit dem *Cabaret Cornichon* auf ausgedehnten Tourneen durch die Schweiz. Zudem brauste er in den Ferien mit seinem Motorrad, einer BSA 500, zu zweit oder allein nach Südfrankreich, Spanien, Mallorca und Norwegen.

Berücksichtigt man die prekäre wirtschaftliche und politische Lage, ging es Tibor Kasics in dieser Zeit sehr gut. Er hatte ein regelmässiges Einkommen und nicht zuletzt dank der Landesausstellung zahlreiche zusätzliche Verdienstmöglichkeiten. «Arbeit in Hülle und Fülle»,[50] notierte er 1939 kurz und schwungvoll in seine Agenda.

ZWISCHEN DEN LÄNDERN

Die Frage, welches ihre Heimat sei, ist typisch für Menschen mit einer Auswandererbiografie. Für Tibor Kasics stellte sich mit Ungarn, Deutschland und der Schweiz die Frage gleich dreifach. Er war bereits über 20 Jahre alt, als er erstmals nationale Zugehörigkeitsgefühle äusserte. Mit einer gewissen Erleichterung liess er während seines unglücklichen Wien-Aufenthalts verlauten:

> Ich habe Heimweh. Zum ersten Mal in meinem Leben, möchte ich sagen, empfinde ich so etwas wie Vaterlandsliebe. Hier fühlte ich deutlich, wie sehr ich die Schweiz als Land, als Vaterland liebe.[51]

Trotz diesen eindeutigen Worten blieb der Wunsch nach Verwurzelung und die Irritation darüber, wo und auf welche Weise sich diese herstellen lasse, in Kasics' Leben über Jahrzehnte ein ungelöstes Thema.

HERKUNFT UNGARN Ungarn bot dem jungen Tibor Kasics zwar eine nationale Identität, aber kein emotionales Zuhause. Die Verhältnisse zu Hause waren allzu sehr durch die Abwesenheit der Eltern geprägt. Und Ungarisch war auch keine selbstverständliche Muttersprache, da Ilona Durigo ihre Kinder früh dazu anhielt, Deutsch zu lernen und mit ihr in dieser Sprache zu korrespondieren. Hinzu kam der Erste Weltkrieg, der materielle Einschränkungen, Angst und Ungewissheit mit sich brachte, die auch nach Kriegsende nicht nachliessen. «Auf uns Ungaren wird eine schreckliche Zukunft kommen», schrieb Tibor seiner Mutter am 27. Dezember 1918. Ein Jahr später hingegen dankte er ihr aus Hof-Oberkirch dafür, dass sie ihn und die Familie in die Schweiz gebracht hatte:

> Jetzt sehe ich, wie dankbar ich sein kann, dass ich überhaupt hier sein kann. Was für Kultur herrscht im Auslande! Ich geniesse es immer mehr und sehe, wie weit zurück unser armes Vaterland in Kultur steht. Eine Sammlung fand hier statt zu Gunsten der armen ungarischen Kinder. Man verkaufte Ansichtskarten für diesen Zweck pro 1 Franken. Wir konnten nach unserer Meinung kaufen und die Summe auf die Rechnung schreiben lassen. Ich hoffe, du wirst nicht böse sein, ich habe 10 Stück Karten gekauft.[52]

Tibors Gefühle waren widersprüchlich. Er fühlte sich wohl in der Schweiz, und doch nahm er heftigen Anteil an der Not seiner Landsleute. Betrug sein Taschengeld noch Jahre später nicht mehr als 15 Franken im Monat, so kann man ermessen, wie viel Geld er für die ungarischen Kinder auf die Rechnung geschrieben hatte! Ilona Durigo wies in ihrer Antwort darauf hin, dass bei einem nächsten Mal auch fünf Franken genügen würden.

Je länger Tibor Kasics in der Schweiz lebte, desto schwächer wurde seine Bindung an Ungarn. Bereits als 20-Jähriger wählte er für einen Weihnachtsurlaub Zürich, weil ihn «Elend und Jammer» in Budapest zu sehr bedrückten.[53] Dennoch reiste er ab und an nach Ungarn, um Verwandte, Freundinnen und Freunde zu besuchen oder zusammen mit seiner Mutter aufzutreten. Eine schöne Reverenz erwies er Jahre später seiner Herkunft mit der Radiosendung *Stunde in Siebenbürgen*. Er adaptierte Volkslieder von Zoltan Kodály für ein kleines Orchester, schrieb verbindende Zwischentexte und sang die Lieder für die Männerstimme selbst.

Spätestens in den 1950er-Jahren war Ungarn für Tibor Kasics aber kein Thema mehr. Im Gegenteil: Verärgert grenzte er sich von den Ungarn-Flüchtlingen ab, die 1956 in die Schweiz kamen und gelegentlich bei ihm Rat suchten. Dieser Ärger hat seinen Grund in Kasics' politischen Überzeugungen. Er hielt sie für Opportunisten, die nur ihr eigenes Wohl im Auge hatten. Die politische Einstellung war ihm wichtiger geworden als ein nationales Verbundenheitsgefühl.

WAHLHEIMAT SCHWEIZ

EINE NEUE WELT Im Land-Erziehungsheim Hof-Oberkirch lebte sich Tibor Kasics in die schweizerischen Verhältnisse ein. Heimisch fühlte er sich später in Zürich an der Privatschule Tschulok. Hier fand er Aufnahme in einen Kreis junger Leute, der für ihn wie geschaffen schien. Hier began-

nen seine lebenslangen Freundschaften mit dem späteren Psychiater Hans Steiner, mit Heidi Diem, die Sprachlehrerin wurde, und den Söhnen des Pfarrers Zimmermann, Silli (Felix) und Tigi (Martin). Die Zimmermanns führten im Zürcher Seefeldquartier ein offenes Pfarrhaus mit täglichem Mittagstisch, an dem zahlreiche Jugendliche teilnahmen. In den Sommerferien fuhren alle zusammen jeweils nach Beatenberg. Überall war Tibor mit Begeisterung dabei. Er hatte seine Wahlfamilie gefunden.

Als Tibor Kasics wenig später in Wien studierte, sehnte er sich nach Zürich zurück. Er verglich die jungen Wienerinnen und Wiener mit seinen Schweizer Freundinnen und Freunden und machte aus seiner Einschätzung keinen Hehl:

> Ich habe unsere schwerfälligen Schweizerinnen schon lieber. Sie haben Hemmungen, aber es steckt was hinter der Hemmung. Diese haben keine Hemmungen, haben aber dafür auch nichts zum Hemmen. Das bisschen Temperament ersetzt die Persönlichkeit nicht. Die Männer sind eitel u. eingebildet, Hohlschädel. Das ist eben der grosse Gegensatz zwischen Wien u. Zürich. Hier sind alle leicht (allzu leicht!) zugänglich, temperamentvoll, intelligent, dort scheinbar dumm u. phlegmatisch; aber bei längerem Suchen findet man dort eine Seele, manchmal verblüffend reiche Seele, während hier eben alles auf der Oberfläche liegt, und auch oberflächlich ist.[54]

Natürlich war Tibors Sicht durch Heimweh getrübt. Und sein starkes Bedürfnis, ein Gefühl der Zugehörigkeit zu entwickeln, konnte er in Wien in keiner Weise befriedigen. In der vom Krieg verschonten Schweiz hingegen hatte er nicht nur die Sicherheit und Stabilität gefunden, die ihm in Ungarn gefehlt hatten, sondern auch eine zugängliche und verlässliche Gemeinschaft.

SINGVRENELI UND LANDI '39 1935 nahm Tibor Kasics eine Tätigkeit auf, mit der er sich gleichzeitig um Integration bemühte. Er gründete das Ensemble *Singvreneli* und übernahm dessen musikalische Leitung. Das Gesangsquartett bestand aus Hedda Landolt, Helma Wahl, Margrit Pfister (bekannt als Margrit Rainer) und Helene Pastorini. Die *Singvreneli* gaben in der Hauptsache schweizerisches Liedergut zum Besten. Das Unternehmen darf jedoch nicht vorschnell als kleinbürgerliche, patriotische Folklore abgetan werden. Als Vorbild diente dem Ensemble das russische Varieté *Der Blaue Vogel*, das damals im gesamten deutschsprachigen Raum grosse Erfolge feierte. Das Repertoire

28

Auftritt mit folkloristischem Akzent: Tibor Kasics und *Singvreneli*, 1935.

29

Posieren für die Schweiz, mit den *Singvreneli*, 1937.

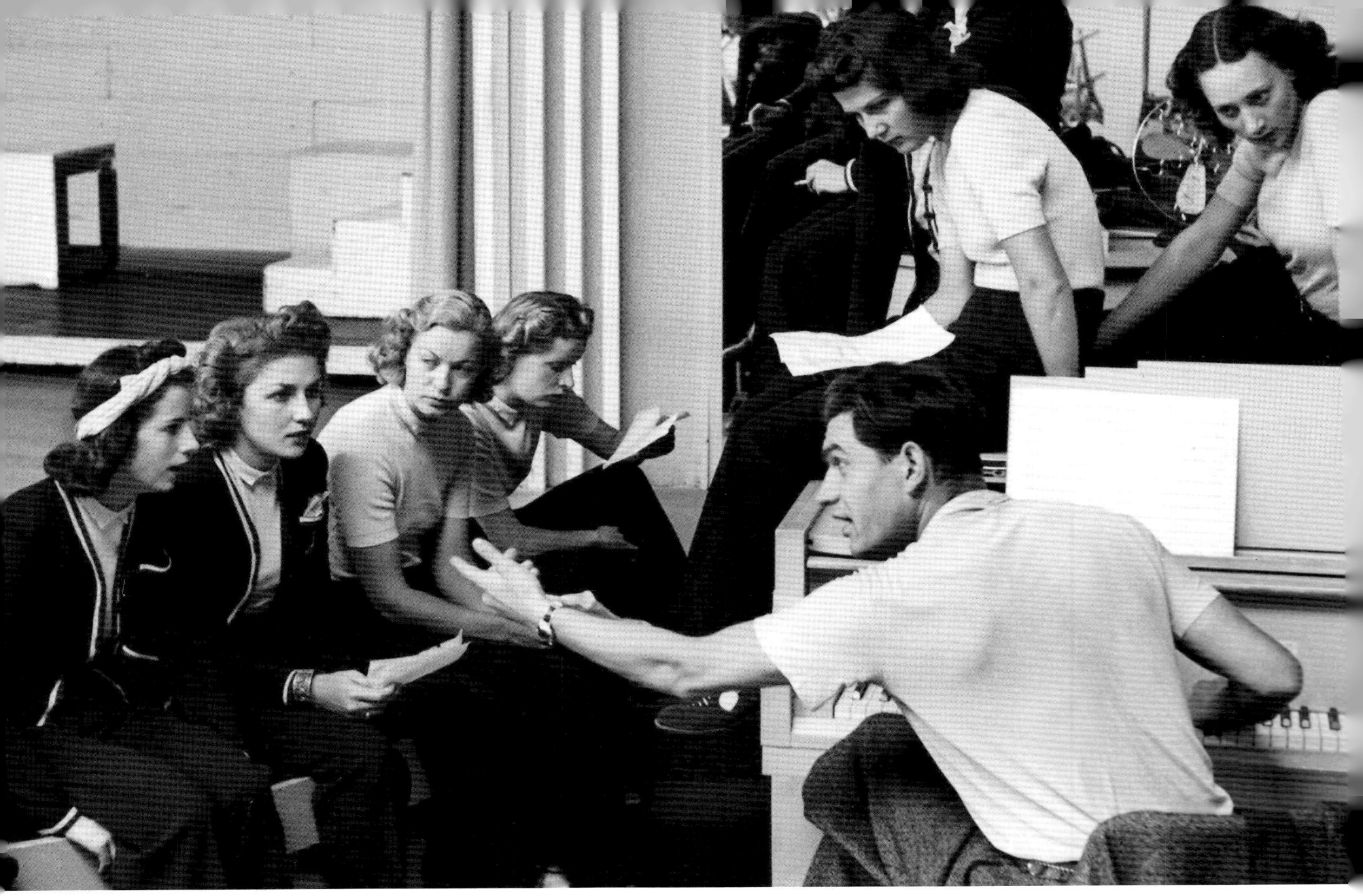

30
Das *Modetheater*, 1939, Tibor Kasics instruiert die Models in Gesang und Sprechtechnik für die Landesausstellung.

beinhaltete zwar Lieder aus allen Teilen der Schweiz, wurde aber von Zeit zu Zeit auch mit anderen Beiträgen – etwa spanischen – ergänzt. Die Kleidung der *Singvreneli* war zudem eine besondere Mischung aus traditionellen und modernen, internationalen Elementen, also alles andere als Schweizer Trachten. Das Ensemble hatte auf Anhieb Erfolg und trug an der Weltausstellung 1937 in Paris sein «mit goldenem Humor und herzlicher Ironie»[55] durchsetztes Programm vor. Trotz des Namens und der Konzentration auf Schweizer Lieder waren die *Singvreneli* Ausdruck eines unverkrampften Umgangs mit nationalen Elementen. Tibor Kasics und seine Sängerinnen hatten nicht Traditionsbewahrung im Sinn, sondern publikumswirksame Unterhaltung auf der Basis von Schweizer Folklore.

Ausschliesslich im Zeichen nationaler Selbstdarstellung standen die Aufträge, die Tibor Kasics für die Schweizerische Landesausstellung 1939 ausführte. Das grösste Engagement war ein Ausbildungsauftrag im Rahmen des so genannten *Modetheaters* in Zürich. Diese Aufgabe machte ihm besonderen Spass, wie er seiner Mutter berichtete:

> Seit einer Woche bin ich im Modetheater der Landesausstellung als Lehrkraft engagiert. Die grossen Modefirmen Grieder, Doelker, Bally etc. haben eine Truppe von 15 jungen Schweizerinnen engagiert die sie jetzt in grosszügiger Weise zu einer Truppe kabarettistischer Art ausbilden lassen. Es werden da kleine Revuen und Theaterstücke aufgeführt. Diesen 15 Mädchen muss ich jetzt das Chanson- und Chorsingen beibringen, wie wir das im Cornichon pflegen. Die dreimal wöchentliche Stunden machen mir grosse Freude.[56]

Die Revue basierte auf kabarettistisch angehauchten, harmlosen Texten von Walter Lesch, Max Werner Lenz und Arnold Kübler. Bei Publikum und Presse kam das *Modetheater* sehr gut an. Im Gegensatz zu den ironisch gebrochenen Darbietungen der *Singvreneli* verstand man das *Modetheater* zumindest von offizieller Seite als durchaus ernst gemeinten Ausdruck schweizerischen Schaffens. Mit angestrengter Überbetonung des Nationalen wird die Modeschau im offiziellen Erinnerungskatalog als rein schweizerische Angelegenheit beschrieben:

> Wir alle, die wir gekommen waren zu schauen, zu hören und zu geniessen, wir fühlten die zwölf Mädchen, die da ihre ersten Schritte auf der Bühne taten, als «unsere» Mädchen; wir wussten, die schönen Kleider, die sie tragen, sind von einem unter uns entworfen; die edlen Stoffe, aus denen diese Kleider gemacht sind, kommen aus unseren eigenen Werkstätten und Fabriken; die Lieder, die sie singen, sind unserem Lande entsprungen ...[57]

Unter den aufgezählten Namen der fürs *Modetheater* Verantwortlichen fehlt der Name des Ungarn Tibor Kasics. Da er keinen Schweizer Pass besass, wurde er nicht als Komponist der Lieder ausgewiesen – im Gegenteil: Die Melodien, so heisst es, «entsprangen unserem Lande».

JEMAND – EIN CHORWERK 1936 erhielt Tibor Kasics vom *Arbeiter-Sänger-Kartell Zürich* den Auftrag, ein Chorwerk zum Festspiel *Jemand* von Hans Sahl zu komponieren.[58] Sahl hatte das Libretto nach einer Holzschnittserie des Belgiers Frans Masereel geschrieben.

In *Jemand* wird der Leidensweg eines Arbeiters dargestellt, dessen Leben von Armut und Unterdrückung geprägt ist. Er kommt zur Einsicht, gegen die erniedrigenden Verhältnisse kämpfen zu müssen. Beim aufrührerischen Streik wird er als Rädelsführer verhaftet und von einer faschistisch anmutenden Justiz zum Tod verurteilt. Sahl hatte *Jemand* als übernationales Proteststück geschrieben, das – in Form einer Passionsgeschichte – den menschenfeindlichen Kapitalismus genau so wie den Faschismus anprangert. In der Schweiz sollte *Jemand* als Warnung vor dem Hitler-Faschismus und zugleich als aufrüttelndes Kampfstück der Arbeiterbewegung verstanden werden.

Die Komposition *Jemand* nimmt im Gesamtwerk Tibor Kasics' eine Ausnahmestellung ein. Sie ist sein grösstes Werk, das nicht zur Unterhaltungsmusik gehört. Kasics schuf eine Musik, wie sie in der Schweiz bis dahin nicht komponiert

31
Frans Masereels Bühnenbildentwurf zum Festspiel *Jemand* von Hans Sahl und Tibor Kasics, 1938.

32
Programmheft zu *Jemand*, Tibor Kasics komponierte die Musik unter dem Pseudonym Viktor Halder.

worden war: eine Mischung von klassischen und modernen, von harmonischen und atonalen Elementen. Emotionale Chorpartien wechseln mit Arien, Chansons, Kinderliedern und wuchtigen Massenchören. Diese Vielfalt entspricht dem Gesamtkonzept des Festspiels, das szenische Formen aus christlichen Passionsspielen, Brecht'schem Lehrstück-Theater, Agitprop und Revue-Kleinkunst in sich vereint.

Mit dem eindrücklichen, chromatisch absteigenden Eingangschor führt Tibor Kasics den Zuschauer in die Welt des Arbeiters, der – allein – als Macht- und Namenloser dasteht:

> Wer geht durch die Welt, ohne Hemd und Kragen,
> wer muss seine Haut zu Markte tragen,
> wer putzt deine Schuhe, wer fegt die Latrinen,
> wer steht im Höllenlärm der Maschinen,
> wer baut die Häuser, wer schleppt die Lasten,
> wer heizt die Kessel, wer hängt die Masten,
> wer ölt die Räder, wer gräbt die Schächte,
> wen beutet man aus, wer hat keine Rechte,
> wer ist der ärmste Mann im Land?
> Jemand.[59]

Schon die zweite Strophe kündigt den Widerstand an: Auf die Frage, wer für eine gerechtere Welt kämpfe, folgt, verlangsamt und im Pianissimo, die Gegenfrage «Jemand?» – worauf alle Sängerinnen und Sänger sich in einem trotzigen Schrei vereinen: «Wir alle!»

Mit *Jemand* gelang es Kasics, seine verschiedenen Fähigkeiten und Interessen in einem Werk zu verbinden: Er vertonte einen im weitesten Sinn revolutionären Text für einen Auftraggeber aus dem gewerkschaftlichen Milieu. Seine Musik weist Elemente der Unterhaltungsmusik auf, bezieht sich aber auch deutlich auf das Oratorienwerk Johann Sebastian Bachs. Sie ist über weiteste Strecken der modernen Klassik zuzurechnen. Tibor Kasics löste die klassische Musik aus ihrer herkömmlichen «Bürgerlichkeit» heraus, um sie in den Dienst der Arbeiterbewegung zu stellen.

Die weltliche Kantate *Jemand* wurde am 10. März 1938 im Zürcher Limmathaus uraufgeführt. Die Zahl der Mitwirkenden war monumental: 800 Personen spielten und sangen auf der Bühne. Das kubistisch anmutende Bühnenbild zeigte eine städtische Quartierszenerie, in der Masereels Bilder auf eine grosse Hauswand projiziert wurden. Im Juni 1938 wurde *Jemand* im Rahmen des 15. Schweizerischen Arbeitersängerfests aus Anlass des 50-jährigen Bestehens des Schweizerischen Arbeiter-Sängerbundes nochmals aufgeführt. Diesmal im riesigen Festzelt auf der Sechseläutenwiese in Zürich, das 6000 Leuten Platz bot. Mehr als 20 000 Zuschauer strömten in die Aufführungen, in denen Heinrich Gretler die Rolle des Erzählers spielte und Ilonka Rederer-Kasics als Altistin den Part von Jemands Mutter sang. Tibor Kasics' Musik zog das Publikum in den Bann. *Jemand* wurde vom Roten Zürich enthusiastisch aufgenommen und als «Gottesdienst des Proletariats» gefeiert. Die Musik habe etwas Hinreissendes, Gewaltiges und schwinge sich zu wundervollen Steigerungen auf, sie hinterlasse eine «starke Wirkung auf Herz und Sinn». Klaus Mann bemerkte Nuancen, die an einen gewissen Berliner Kabarett- und Revue-Stil – etwa Friedrich Holländers oder der *Katakombe* – erinnern würden. Doch ergäben die verschiedenartigen Stilelemente eine «wirkungsvolle Einheit», weil erfüllt von leidenschaftlich beteiligtem Gefühl. Es sei bezeichnend, dass die Proletarier mit achtstimmigen Fugengesängen in Europa

Jemand

EINE WELTLICHE KANTATE

Nach den Holzschnitten
„DIE PASSION EINES MENSCHEN“
von Frans Masereel

Dargestellt und erzählt von Hans Sahl

Musik von Viktor Halder

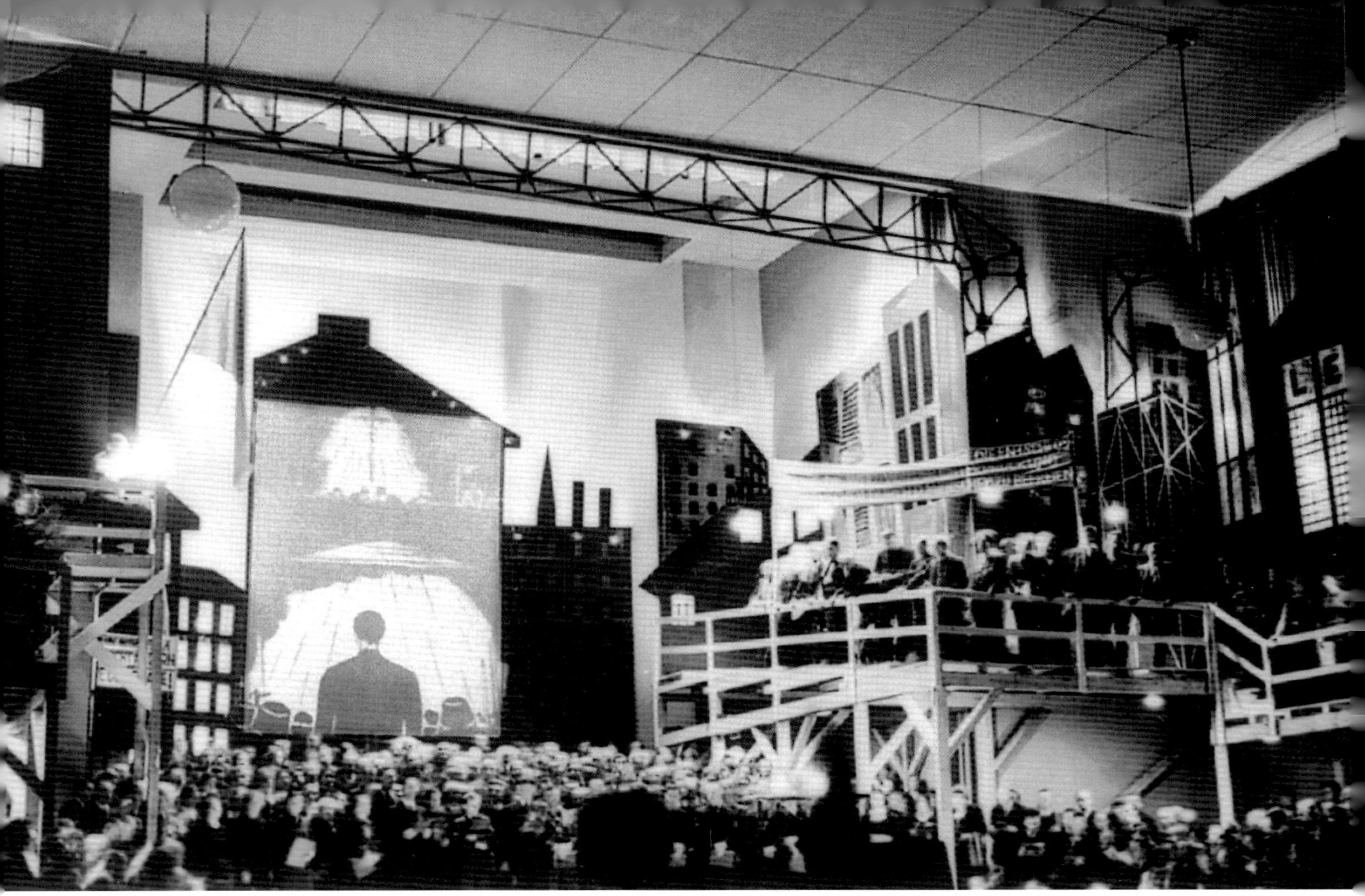

die Funktion übernommen hätten, konservativ im Sinn von kulturbewahrend zu sein.[60]

Selbst die bürgerliche Presse wies darauf hin, dass die Aufführung zwar politisch, aber nicht künstlerisch kritisiert werden könne. Mit *Jemand,* schrieb der Zürcher Tages-Anzeiger, habe der Sozialismus erstmals ein «repräsentatives Festspiel» erhalten.[61] Der politische Zweck der Kantate hatte für Tibor Kasics aber eine weitergehende Konsequenz: Er konnte es sich nicht leisten, die Musik unter seinem Namen zu veröffentlichen. Der antikapitalistische Text, ein Arbeiterverein als Auftraggeber und der sozialdemokratische Rahmen der Aufführungen kurz vor den Zürcher Gemeindewahlen waren für ihn Grund, das Pseudonym Victor Halder zu wählen. So konnte er einen der grössten Erfolge seines Musikerlebens nicht für sich reklamieren. Als *Jemand* allerdings 1949 in Holland aufgeführt wurde, setzte Tibor Kasics – inzwischen Schweizer Bürger – seinen wirklichen Namen aufs Programm, und beim Verleger Emil Oprecht deponierte er für eine allfällige Reedition des Librettos denselben Wunsch.

In der Schweizer Theatergeschichte blieb *Jemand* als Exponent des proletarischen Musiktheaters eine Ausnahmeerscheinung. Für Kasics selbst, der die erstmalige Wiederaufführung im Rahmen der Zürcher Junifestwochen 1988 nicht mehr erlebte, dürfte das Werk von grosser Wichtigkeit gewesen sein. Mit der Arbeit für ein Gesamtkunstwerk im Dienst menschlicher Gerechtigkeit und nationaler Unabhängigkeit hatte er seine gesellschaftliche Heimat gefunden. Umso paradoxer ist es, dass er gerade mit diesem Werk seine offizielle Integration in die Schweiz gefährdete.

EINBÜRGERUNG In der Schweiz wurde und wird von Ausländerinnen und Ausländern verlangt, dass sie sich in jeder Hinsicht assimilieren. Diese Leistung erbrachte Tibor Kasics bereitwillig, ja geradezu beflissen. In einem Radiointerview erinnerte er sich als 80-Jähriger, dass er Schweizerdeutsch lernte, bevor er richtig Hochdeutsch sprechen konnte: «Ich habe es relativ rasch gelernt, weil ich durchaus entschlossen war, mich anzupassen. Ich hab gedacht, jetzt bin ich da, jetzt muss ich halt auch so reden wie die anderen.»[62] Schweizerdeutsch war ihm so wichtig, dass er später in seiner Familie die Rolle des Sprachwächters übernahm. Er achtete darauf, dass sich auch bei seiner Frau Ulla Kasics, die aus Deutschland stammte, und bei seinen Kindern keine hochdeutschen Ausdrücke oder Betonungen einschlichen. Tibor Kasics' Bemühungen gingen so weit, dass Ulla Kasics eines Morgens beim Einkaufen Aufsehen erregte, als sie vom Fah-

33

Uraufführung der weltlichen Kantate *Jemand* im Limmathaus Zürich 1938, mit Projektion der Holzschnitte von Frans Masereel.

34 a b

Holzschnitte von Frans Masereel aus der Serie «Die Passion eines Menschen».

rer des Migroswagens «es Mödeli Anke» verlangte. Sofort drehte sich eine Frau um und bemerkte anerkennend: «Endlich eine Schweizerin, die noch ‹Anke› sagen kann!»

Kasics' Bemühung um einen reinen Dialekt spiegelt die enge Verknüpfung von Sprache und Heimat: Im Ungarischen hatte sich Tibor nie heimisch gefühlt. Hochdeutsch sprach er nach den Jahren in Berlin zwar perfekt, doch mit akzentfreiem Hochdeutsch machte man sich in der Schweiz nicht sehr beliebt. Blieb also die Schweizer Mundart, womit er sich und anderen seine Zugehörigkeit zum Land beweisen konnte. Mit seinem Engagement für die «Geistige Landesverteidigung» schliesslich erreichte Tibor Kasics' «Assimilation» ihren Höhepunkt:

> Man könnte fast sagen, dass wir die Geistige Landesverteidigung im *Cornichon* erfunden hatten. Intellektuell gesehen war damals kein Mensch stolz darauf, dass er Schweizer ist. Man hat versucht, den «grossen Kanton» [Deutschland; Anm. d. R.] nachzuahmen oder allenfalls die Österreicher, man hat nicht gedacht: Wir sind auch jemand, geistig gesehen. Ich befürwortete damals die Geistige Landesverteidigung. Obwohl ich ein «Papierlischwizer» bin, in Budapest geboren, aber immerhin hier aufgewachsen. Ich empfinde die Schweiz als meine Heimat.[63]

Die damalige Presse wusste es zu schätzen, dass sich Tibor Kasics in der Schweiz heimisch fühlte. In der Radio-Zeitung hiess es 1936 über den *Cornichon*-Musiker, er sei «ungarischer Abstammung, aber gründlich akklimatisiert, notfalls helvetisch rauh wie ein Urkantönler, ein begabter Komponist und ein Meister am Flügel».[64]

Von den schweizerischen Behörden wurde das *Cornichon* allerdings anders eingeschätzt, und beinahe wäre Tibor Kasics seine Zusammenarbeit mit Walter Lesch und dessen Ensemble zum Stolperstein geworden.[65] Als er im Sommer 1938 ein Gesuch zur Einbürgerung in Zürich einreichte, versuchten die Beamten, ihn politisch einzuordnen. Da keine entsprechenden Äusserungen von ihm vorlagen, nahm die Bundespolizei eine Untersuchung seines beruflichen Umfelds vor. Sie stellte fest, dass «das Personal des Schauspielhauses ganz links eingestellt, zum Teil sogar kommunistisch organisiert» und dass «von diesem Personal die kommunistische Künstlerzelle ins Leben gerufen» worden sei.[66] Diese Verdächtigung wog schwer, hatte der Bundesrat doch im Einklang mit der antikommunistischen Stimmung im Land zwei Jahre zuvor Massnahmen gegen «kommunistische Umtriebe» ergriffen. Der Polizeiadjunkt Dr. Aloys von Reding berichtete dem Chef der eidgenössischen Polizeiabteilung, Dr. Heinrich Rothmund, was er im Fall Kasics weiter in Erfahrung gebracht hatte:

> Im weiteren verfolge das Cornichon ausgesprochene Volksfronttendenzen. Dr. Walter Lesch, der Leiter der Kleinkunstbühne, sei persönlich sehr links eingestellt (wie ich erfahren habe, ist er gelegentlicher Mitarbeiter der deutschen Volksfront im Ausland). Während Dr. Düby das Gesuch eher befürworten möchte, bin ich für «zuwarten». Das Cornichon ist für uns Schweizer sehr amüsant. Ich glaube aber nicht, dass ein Ausländer in diesem rein kritisch und negativ eingestellten Milieu zu einem guten Schweizer-Staatsbürger herangebildet werden kann.[67]

Dass Tibor Kasics am 1. Mai 1939 dennoch zur Einbürgerung empfohlen wurde, verdankte er den persönlichen Referenzen, welche die Behörden über ihn eingeholt hatten. Die Gewährspersonen bestätigten zwar seine linke Gesinnung, sagten aber übereinstimmend aus, Tibor Kasics sei in keiner Weise politisch aktiv. Besonderen Eindruck machte offenbar das Empfehlungsschreiben von Kasics' Jugendfreund Ulrich Binder. Der Chef der Abteilung Flugzeugbau der Schweizerischen Maschinenfabrik Schlieren schloss seine Empfehlung mit den klaren Worten:

> Nach meiner Meinung darf das Einbürgerungsgesuch ohne Bedenken befürwortet werden, da Tibor Kasics nicht nur seit langem den festen Willen, sondern auch die Fähigkeit gezeigt hat, sich in unsere Verhältnisse einzuleben.[68]

Tibor Kasics wollte endlich Schweizer werden. Er fühlte sich wohl in diesem Land und hatte alles dafür getan, um als Schweizer wahrgenommen zu werden. Der «Fall Kasics» zeigt aber, dass seine freiwillige Anpassungsleistung allein nicht genügt hätte. Sein fast überschweizerisches Schweizertum, seine Versuche, schweizerische Bräuche anzunehmen und trotz Temperament und Leidenschaft so wenig wie möglich aufzufallen, hatte auch mit dem Anpassungsdruck von aussen zu tun. Nach langen Umtrieben und unzähligen Anfragen seines Anwalts erhielt Tibor Kasics 1940 schliesslich den Schweizer Pass.

OPTION DEUTSCHLAND Im Berlin der 1920er-Jahre hatte Tibor Kasics Zugang zu Künstlerkreisen gefunden, die ihm weitaus mehr entsprachen als die Welt seiner Eltern. Aus dieser Zeit gibt es keine Klagen über Heimweh, keine Bemerkungen über «oberflächliche» Frauen und «hohlköpfige» Männer. Dass Kasics 1932 dennoch nach Zürich zurückkehrte, ist allein den wirtschaftlichen und politischen Umständen zuzuschreiben.

Deutschland blieb aber für Kasics zeitlebens ein Thema. Er verfolgte aufmerksam, wie sich das Land nach dem Krieg und der Spaltung politisch und kulturell entwickelte. Dies belegen nicht nur Dutzende von lückenlosen Jahrgängen des *Spiegels,* die sich im Keller der Familie Kasics stapelten. Tibor Kasics reiste 1950 auch zweimal nach Ost-Berlin. Offensichtlich suchte er in dieser Zeit nach einer beruflichen Alternative zu seinem Engagement als Operettenkapellmeister in Bern. «Das Klima von Berlin ist herrlich. Auch an die Stadt bin ich schon so gewöhnt, dass ich es mir gar nicht vorstellen kann, was ich in Bern zu suchen habe»,[69] schrieb er seiner zukünftigen Frau Ulla Krause. Tibor Kasics hatte neue Pläne und war auf dem Sprung, mit ihr zusammen die Schweiz zu verlassen. Doch es kam anders. Es gelang ihm nicht, Bertolt Brecht zu treffen, mit dem er gern zusammengearbeitet hätte, da dieser mit seinem Ensemble auf Tournee war. Andere Verbindungen hingegen klappten. Nachdem er Leonhard Steckel eine Komposition fürs Schlossparktheater abgeliefert hatte, glaubte Tibor Kasics auf das Frühjahr 1951 von Walter Felsenstein ein Engagement an die *Komische Oper* zu erhalten. Doch nun fing er selbst an zu zweifeln:

> Gestern, im Schlossparktheater eine sehr mässige Aufführung eines blöden Stückes (3 Mann auf einem Pferd) aus Amerika, heute Abend dasselbe in grün, auf östlich. «Golowin und seine Wandlung» hiess das russische Stück und behandelte das Komponistenproblem Schostakowitsch auf eine unsagbar blöde und kitschige Art. Die Regie war auch danach. Und jetzt bin ich traurig und verwirrt: Sieht es denn so im Osten aus in Sachen Theater? Es war noch viel schlimmer als der Film, den wir gesehen hatten, «Der Fall von Berlin».
> Allerdings – im Osten gibt es auch einen Brecht. Aber auch ihm werden von offizieller Seite Vorhaltungen gemacht, die er zwar heute noch elegant übergeht. Aber eben «noch».
> Für meine grosse Entscheidung zuviel Zweifel. Über all diese Sachen müssen wir noch viel nachdenken und reden.[70]

Tibor Kasics und seine Frau zogen nicht nach Ost-Berlin. Dafür berichtete er später seinen Kindern von verpassten Möglichkeiten. So sei in den 1930er-Jahren ein sowjetischer Funktionär auf ihn zugekommen, mit dem Angebot, für sein Land eine neue Nationalhymne zu komponieren. Da er dafür nach Moskau hätte ziehen müssen, sei er nicht darauf eingegangen. Die andere Gegebenheit schien Tibor Kasics mehr zu beschäftigen: Offenbar hatte er mit Bertolt Brecht einen Termin vereinbaren können – den er aber verpasste. Er konnte sich später nicht erklären, warum er gerade an diesem Tag verschlafen hatte ...

ZWISCHEN KLASSIK UND UNTERHALTUNG

1915 wurde in Budapest Emmerich Kálmáns *Csárdásfürstin* uraufgeführt, eine Operette, die erstmals traditionelle ungarische Tanzrhythmen in die klassische Musik einband. Tibor Kasics wohnte diesem Ereignis bei. Nach der Aufführung stürmte der Elfjährige sofort nach Hause und versuchte, die eben gehörten Melodien und Rhythmen auf dem Klavier nachzuspielen. Zu seinem eigenen Erstaunen gelang es: «Und siehe da: Ich konnte es!»[71] – Diese Worte, Jahre später in einem Radiointerview geäussert, zeigen seine doppelte Freude: die Freude über die mitreissende Musik und über das eigene leichte Gelingen. Vor diesem Hintergrund würde man erwarten, dass die späteren Engagements als Operettendirigent in Zürich, Basel und Bern Tibor Kasics' Sehnsucht entsprochen hätten. Das Gegenteil war der Fall. Sein Verhältnis zur Operette und zu seinen eigenen musikalischen Leistungen war gespalten und auch in späteren Jahren Ursache für eine wiederkehrende Unzufriedenheit.

IM SCHATTEN DER MUTTER Entscheidend für Tibor Kasics' Verhältnis zur klassischen Musik war die Rolle seiner Mutter. Ilona Durigo war nicht nur eine begnadete Sängerin, sie verlieh der von ihr interpretierten Musik etwas Einmaliges. Ein Nachruf preist sie als «grosse Künstlerin und grosse Seele» und bringt damit den Eindruck, den sie auf ihr Publikum machte, auf den Punkt:

> Bei wenigen spürte man so wie bei ihr, dass sie aus innerster Berufung sang. So stark man im Banne ihrer Persönlichkeit stand, wo immer ihre sonore Stimme erklang, so ist man doch beinah versucht zu sagen, dass nicht sie es war, die sang, sondern dass es aus ihr sang; denn man dachte weder an das Technische des Singens noch an Fragen der Interpretation, weil man gleichsam das Herz des Werkes schlagen, sein tiefstes Wesen aufgeschlossen fühlte.[72]

Unabhängig davon, wer bei welcher Gelegenheit über Ilona Durigo schrieb, immer wird deutlich, dass sie eine charismatische Persönlichkeit gewesen sein muss, die es auf natürliche Weise verstand, die Zuhörerschaft in ihren Bann zu ziehen. Ilona Durigo war deshalb für Tibor Kasics nicht nur eine ehrgeizige, sondern auch eine durch ihren musikalischen Ausdruck übermächtige Mutter. Wenn er Musiker werden wollte, musste er sich an ihr, musste er sich an ihrer Grösse messen. Angesichts dieser Dimensionen war es für ihn unmöglich, sich in Ruhe anzueignen, was er für sein musikalisches Fortkommen brauchte. Die Studienjahre wurden zu einer Zerreissprobe. Immer wieder litt Tibor Kasics unter Arbeitsstörungen und massiven Selbstzweifeln. Es war ihm nicht möglich, seine Unzulänglichkeitsgefühle zu durchschauen. In zahlreichen Briefen aus Wien klagte er stattdessen über Unterforderung:

> Dieser systematische Massenbetrieb ist gut für die Unmenge Mädchen, die Klavierlehrerinnen werden, aber diejenigen, die künstlerische Förderung und Teilnahme erwarten, kommen zu kurz. Ich habe viel mehr ernstere Arbeit u. höhere Forderungen erwartet.[73]

Tibor Kasics konnte seine Laufbahn nicht konsequent in Richtung klassischer Musik lenken. Der Vergleich mit Ilona Durigo war unvermeidbar und wurde bei den rund 30 Konzerten, die Mutter und Sohn bis 1929 gemeinsam gaben, auch immer wieder angestellt. Anlässlich des 1000. Konzerts der Sängerin schrieb ein Basler Kritiker:

> Frau Durigo, deren Kunst in Basel schon längst einen festen Kreis von Verehrern und Bewunderern besitzt, konnte mit diesem Abend ihr tausendstes Auftreten begehen und zugleich ihren Sohn als Sänger in der Öffentlichkeit einführen. Mutter und Sohn haben dasselbe Künstlerblut. Besitzt die Mutter etwas Ur-Musikantisches, das mitreisst und versöhnt, das sie in unfehlbarer Sicherheit Ton und Seele des Kunstwerks treffen lässt, so zeigt der Sohn eine wenn auch weniger elementare, so doch ebenso instinktsichere Ursprünglichkeit musikalischen Empfindens, wie sie den geborenen Musiker ausmacht. Tibor Kasics ist Bassist; er besitzt ein Material, wie man es sich schöner über-

35
Seite 60: Der Operettendirigent, Stadttheater Bern 1949.
36
Nach Ilona Durigos 1000. Konzert, mit Ilona Durigo, Grossmutter Muci Durigo und einem Mäzen aus der Familie Burckhardt, Basel 1927.

> haupt nicht denken kann, von seltenem Adel und wundervollem Glanz; er kann schon sehr viel, versteht eine Linie zu bilden und beherrscht seine Stimme in beachtenswertem Masse. Die Höhe ist noch nicht genügend entwickelt, dafür entschädigt die Sorgfalt, mit der er seine Aufgaben gesanglich durchdringt, und die schöne, voluminöse und immer aufgelockerte, nie dickflüssige oder plumpe Tiefe.[74]

Aus Kritiken wie dieser wird Tibor Kasics vor allem herausgelesen haben, dass er weniger gut sang als seine Mutter. Es war da aber auch zu lesen, dass er ein begabter Sänger war, der gute Chancen gehabt hätte, eine erfolgreiche Karriere zu machen. Dies bestätigt das Bemühen des Berliner Gesangslehrers Raatz-Brockmann, der seinen Schüler zur Aufgabe des Klavierstudiums bewegen wollte, damit dieser sich ausschliesslich der Gesangsausbildung widme. Doch Tibor Kasics reagierte widersprüchlich auf dieses Ansinnen. Zum einen freute ihn die Anerkennung: Nach dem Gespräch mit dem Lehrer berichtete er nach Hause, er übe viel und sei glänzender Stimmung; seine Klavierstudien verlege er ins Nebenfach. Zum andern fasste er genau in dieser Zeit den Entschluss, in eine Dirigentenklasse einzutreten, da er «zu exklusivem Gesangstudium keine Lust» habe.[75] Tatsächlich wäre Tibor Kasics am liebsten Dirigent geworden. Kurz vor seinem Tod offenbarte er seinem Sohn Kaspar Kasics, sein Lebenstraum sei gewesen, Johann Sebastian Bachs *Matthäuspassion* zu dirigieren: Mit seiner Mutter Ilona Durigo in der Rolle der Altistin.

DIE LEICHTE MUSE Nach dem abgebrochenen Dirigentenstudium in Köln 1928 verlangten Ozman Kasics und Ilona Durigo von ihrem Sohn, er solle sich nach einer Erwerbstätigkeit umsehen. Sie rieten ihm, die Beziehungen der Mutter in einflussreichen Kreisen spielen zu lassen. Die Vorstellung, bei diesen Leuten liebedienern zu müssen, war für Tibor Kasics jedoch unerträglich:

> Zu Wolff oder Dr. Schiff gehen kann ich schon, aber das nützt gar nichts. Es liegt den Leuten absolut nichts daran, mich dem Herrn Meyer vorzuziehen, der möglicherweise von Frau Geheimrat Lewinsohn unterstützt wird oder sonst zahlt. Und eben dies, mich bei massgebenden Musikbonzen anbiedern, kann ich nicht, selbst wenn ich will. Das ganze Milieu, in dem das heutige Konzertleben gemacht wird, ist mir so widerlich, dass ich gar nicht darin leben, geschweige denn daraus Vorteil schlagen kann. In Berlin werde ich also kaum eine lukrative Beschäftigung finden, bin aber fest entschlossen, zu verdienen. Ich werde eben als Musik-Proletarier verdienen, im Kino oder Jazz-Kapelle. Natürlich werde ich versuchen, durch Denzler, Wolff, Raatz etc. zum Korrepetieren oder Begleiten zu kommen, aber darauf setze ich nicht viel Hoffnung. Denn die Tatsache, dass ich so unerhört geschäftsuntüchtig bin, beängstigt mich manchmal.[76]

Dieser Brief fasst im Zeitraffer zusammen, was in den nächsten Monaten geschah: Tibor Kasics wandte sich von der klassischen Musik ab. Damit erübrigte sich der entmutigende Vergleich mit Ilona Durigo. Seine Befürchtung, nicht zu genügen, verlagerte sich aber vom künstlerischen in den finanziellen Bereich. Die Angst, seinen Lebensunterhalt nicht verdienen zu können, wog schwer, sie hielt sich bis in seine späten Jahre. Und doch war dieser Tausch der Ängste vorteilhaft. Das Gefühl, nicht zu genügen, betraf nun nicht mehr die künstlerischen Fähigkeiten, und so war es Kasics möglich, eine eigene Kreativität zu entfalten und die quälenden Arbeitsstörungen zu überwinden. Tibor Kasics konnte spielen, singen, komponieren, ohne an die Mutter zu denken und – die phänomenale Leichtigkeit, mit der er arbeitete, zeigt es – ohne mit seinen Grenzen konfrontiert zu werden. Tibor Kasics gewann zudem ein Umfeld, in dem er sich wohl fühlte. Es wirkte ebenso fördernd wie früher die Mutter mit ihren ehrgeizigen Ermahnungen: Termine mussten eingehalten werden, und Feedbacks spornten seine Leistungen an. So gelungen dieser Wechsel für aussen Stehende erscheinen mag, für Tibor Kasics hatte er dennoch den bitteren Geschmack eines Versäumnisses. Schon in den Berliner Jahren sprach er wiederholt davon, demnächst zur

klassischen Musik zurückzukehren. Am 7. Dezember 1929 schrieb er seiner Mutter:

> Nun ist es ein Jahr her, dass ich mich in das Jazz- und Kabarettleben gestürzt habe. Ich habe bewiesen, dass ich auch hier mir eine Existenz schaffen kann. Ich habe aber auch gesehen, dass meine Linie wo anders liegt. Und ich werde die Konsequenzen ziehen. Das heisst: Ich gedenke ab nächster Saison diesen Betrieb aufzugeben und unter die Dirigenten zu gehen. Auf welche Art, bleibt noch zu entscheiden.

Die Eltern unterstützten dieses Vorhaben auf typische Art. Ilona Durigo reagierte, indem sie ihre Freude ausdrückte und die Hoffnung aussprach, es handle sich beim «Jazzmusikertum» nur um eine «Anfangsetappe».[77] Ozman Kasics hingegen misstraute – nicht ganz zu Unrecht – den Anwandlungen seines Sohnes und sandte ihm energische Durchhalteparolen: «Aber nicht nach einigen Monaten davon laufen. – So geht's nicht.»[78] Erst als der Vater Jahre später verstorben war und die Mutter wieder in Budapest lebte, wagte Tibor Kasics den Schritt zurück in die klassische Musik: Er bewarb sich beim Stadttheater Zürich als Kapellmeister, «um wieder grosse Musik zu machen».[79]

DER OPERETTENDIRIGENT Im Herbst 1939 übernahm Tibor Kasics am Zürcher Stadttheater die musikalische Assistenz für Operetten. Er leitete als Dirigent Proben und einzelne Vorstellungen bis im Juni 1942. Wie aus einem Brief an seine Mutter hervorgeht, erhoffte er sich allerdings nicht nur Operetten, sondern auch Opern dirigieren zu können:

> Die Operette, die ich dirigiere, bringt mir viel Ehre und dem Theater ein gutes Geschäft. So ist alles zufrieden. Für den Moment allerdings nur, denn meine weitere Tätigkeit ist immer noch etwas im Unklaren. Insofern, als ich eigentlich gar nicht zur Operette wollte, zumal für dieselbe schon ein guter Dirigent da ist (Reinshagen). Meine Operntätigkeit ist vorläufig am Widerstand von Denzler und Kammersänger Hirzel gescheitert.[80]

Tibor Kasics spricht hier an, was sich in Zukunft noch verstärken sollte: Sein Ruf als Spezialist für Operetten und Unterhaltungsmusik verhinderte den Schritt zur ernsten Musik. Zudem erwuchs ihm in der Person von Robert Denzler starke Konkurrenz. Denzler war in Deutschland ein ziemlich erfolgreicher Dirigent geworden, seit 1934 aber wieder am Stadttheater Zürich beschäftigt. Der als Nazi-Sympathisant bekannte Denzler war kaum gewillt, einen linken Aus-

37
Dirigieren für die leichte Muse, Bern 1949.

38
Werbefotografie für neue Engagements, um 1956.

länder zu fördern. Der Wechsel ins Opernfach blieb Kasics am Stadttheater daher verwehrt, das Vertragsverhältnis wurde nicht verlängert. Als ihm darauf eine Stelle am Stadttheater Basel angeboten wurde, nahm er diese an, gab seine Wohnung in Zürich auf und zog in die Rheinstadt.

Am Basler Stadttheater boten sich Tibor Kasics aber auch keine Entwicklungschancen, und er tat sich immer schwerer damit, als klassischer Musiker nicht genügend anerkannt und eingesetzt zu werden. Als er eines Tages die russischstämmige Tänzerin Mary Delpi traf – sie war wenige Jahre vor Kasics mit ihren Eltern in die Schweiz emigriert –, ging er dankbar auf sie zu. Mary Delpi erinnert sich an diese Begegnung:

> Und dann ist Tibor aufgetaucht. Wir kannten uns vom Volkshaus in Zürich her, also von der Volksbühne. Und er geht im Theater die Treppe hinunter und ich die Treppe hinauf, er sieht mich und sagt: «Was, du bist auch hier!» Er freute sich sehr: Jetzt komme er nach Basel und kenne jemand! Und dann sagte er, ich solle doch auch mal in die Höhle [Kunsthalle] kommen, dort war der 33er-Tisch, mit den Künstlern, fast alles Malern. Und nach der Vorstellung sass er dort mit einem Glas Wein. Dadurch, dass wir uns auf der Treppe trafen, entstand nach und nach unsere Beziehung. Er aus Zürich, ich aus Zürich, er hatte niemand, ich hatte niemand. Und beide links in dieser Theatergesellschaft, die sich nicht so sehr für Politik interessierte.[81]

Die Beziehung mit der jungen Frau beschränkte sich allerdings auf gemeinsame Nächte und die abendlichen Treffen in der Kunsthalle, was Mary Delpi mit der Zeit als ungenügend empfand. Sie störte sich auch daran, dass Tibor zunehmend «am Glas hing» und sie nie wusste, woran sie war. Offensichtlich war Tibor Kasics damals tief verunsichert:

> Auf der einen Seite war er fast zu sicher, zu selbstbewusst im Auftreten, auf der anderen Seite: Das ist ja nicht das, was ich will. Er hatte so grosse Pläne, unerfüllte. Wir sprachen darüber, dass er gerne Konzerte dirigieren würde. Ich fand, dass er gute Kompositionen gemacht hatte, und habe immer gesagt, komponier doch etwas. Er war ja mit dem Klavier verheiratet. Als Sänger habe ich ihn aber nicht gesehen, vom Auftreten her. Sein Gehabe passte nicht auf die Bühne, diese Selbstsicherheit und dann doch so etwas Unsicheres: Es war so ein Gemisch bei ihm. Aber als er die Ouvertüre von Tschaikowsky und ein Ballett dirigieren durfte, da war er selig und ging fast drauf vor Stolz. Er

> war mit Hochgenuss Dirigent und hat diese Position genossen. Dass er quasi übers Orchester herrschen und die Einsätze geben konnte. Aber er war auch sehr beliebt beim Orchester und hatte es nicht nötig, die Musiker fertig zu machen.[82]

Kasics dirigierte nur eine Spielzeit am Stadttheater Basel. Danach kam es zu keinem «Reengagement» mehr. Umso wichtiger wurden für ihn Nebenbeschäftigungen wie etwa seine Beteiligung am Basler *Cabaret Kaktus.* Ähnlich wie Tibor Kasics war es nämlich den beiden aus Basel stammenden *Cornichon*-Mitgliedern Alfred Rasser und C. F. Vaucher ergangen. Sie waren beide mehr oder weniger freiwillig aus dem *Cornichon* ausgeschieden und gründeten 1943 in Basel ein neues Kabarett.

Stilistisch unterschied sich der *Kaktus* nicht wesentlich vom *Cornichon*. Allerdings zeigten die bis 1945 aufgeführten Programme tendenziell mehr politische Spitzen beziehungsweise Stacheln als die Darbietungen des *Cornichon.* Rasser bot sich mit dem *Kaktus* die Gelegenheit, eine auf seine Person zugeschnittene Bühne aufzubauen. Als das Ensemble 1946 den *HD Soldat Läppli* herausbrachte, wurde diese Adaption der literarischen Vorlage *Die Abenteuer des braven Soldaten Schweijk* von Jaroslav Hašek zum sensationellen Erfolg. Tibor Kasics liess sich allerdings nicht ins Unternehmen *Kaktus* integrieren, da dieses von Rasser allzu sehr dominiert wurde. Er steuerte nur einzelne Kompositionen bei und überliess das Begleiten Walter Baumgartner und Valeska Lindtberg.

Zur schwierigen beruflichen Situation kamen auch private Veränderungen hinzu, die vor allem Tibor Kasics' Familie betrafen. Seit längerem hatte sich die Situation in seinem Elternhaus in verschiedener Hinsicht zugespitzt. Im Verlauf der 1930er-Jahre verschlechterte sich die finanzielle Lage der Eltern. Hinzu kam eine schwere Ehekrise, die sich erst 1936 wieder legte. Und schliesslich kehrte auch noch Tochter Ilonka nach Hause zurück, nachdem ihre kurze Ehe mit dem Zürcher Maler Franz Rederer zerbrochen war. In dieser Notlage hatte Ilona Durigo nicht mehr die Kraft, dem Wunsch ihres Mannes, nach Budapest zurückzukehren, zu widerstehen. Im Juli 1937 verabschiedete sie sich schweren Herzens von ihren Schweizer Freunden und reiste zusammen mit Muci nach Budapest, wo Ozman Kasics und Ilonka bereits eine Wohnung gemietet hatten.

Doch liess sich das Leben in der alten Heimat nicht leichter an. Ozman Kasics wurde krank, und weder Ilona Durigo noch Ilonka fanden Arbeit. Im Dezember 1937 starb Ozman Kasics, und zwei Jahre später die 96-jährige Grossmutter Muci. Ilona Durigo hatte in der Zwischenzeit zwar eine begrenzte Anstellung an der Musikakademie Budapest gefunden und trat ab und an – teilweise im Duett mit Ilonka – bei lokalen Konzerten oder am Radio auf. Doch war sie physisch und psychisch sehr mitgenommen. Nach dem Tod ihrer Mutter musste sie sich einer Gallensteinoperation unterziehen, von der sie sich nur langsam erholte. Die Trauer um Mann und Mutter, das Heimweh nach der Schweiz, die finanziellen Sorgen – das alles zehrte an ihr.

Tibor Kasics unterstützte seine Mutter, so gut er konnte. Er schickte Medikamente und schaute sich nach Engagements für seine Schwester um. Zudem suchte er nach Möglichkeiten, die Mutter in die Schweiz zurückzuholen. Im Sommer 1943 schien sich endlich eine Lösung abzuzeichnen. Ilona Durigo sang zusammen mit ihrem Sohn im Rahmen der Eröffnungsfeierlichkeiten der vereinigten Konservatorien Basel/Luzern. Bei dieser Gelegenheit erhielt sie das Angebot, ab 1944 als Gesangslehrerin in Basel zu arbeiten. Doch im Spätherbst erkrankte sie plötzlich an einem rätselhaften Hüftleiden. Am 20. November schrieb sie ihrem Sohn:

> Zum Glück konnte ich noch am Sonntag, 14ten, u. dann 18ten singen. Die Stimme war tadellos u. der es nicht wusste, merkte nicht, welche Mühe mir das Gehen bereitete, aber nachher kam eine schlimme Reaktion – gestern und heute kann ich nur kriechen – Ilonka stützt u. pflegt mich rührend, und jetzt ist's mir wünschenswert, dass diese böse Sache nicht allzu lange mehr dauern mag! – Heute steht im Schweizer Kalender Basler Münster u. Rhein, da dacht' ich innigst u. mit den besten Wünschen an Dich und weinte bitterlich vor Sehnsucht!

Trotz allen Bemühungen der Ärzte starb Ilona Durigo überraschend am Weihnachtstag 1943 in einem Budapester Sanatorium. Ihr Sohn war bei der Beerdigung nicht dabei. Wegen des Kriegs war es ihm nicht möglich, rechtzeitig ein Visum für die Einreise zu erhalten. Aus grosser Distanz musste Tibor Kasics allein von seiner Mutter Abschied nehmen. Eine Reaktion auf den Tod Ilona Durigos ist unübersehbar: Tibor Kasics bemühte sich, wieder vermehrt mit klassischer Musik aufzutreten.

Als ihm 1947 eine Dirigentenstelle am Stadttheater Bern angeboten wurde, sagte Tibor Kasics sofort zu und zog mit neuer Hoffnung in die Bundeshauptstadt. Die Schauspielerin Elvira Schalcher war damals ebenfalls am Stadttheater engagiert und lernte ihn von der Bühne her kennen:

> Tibor dirigierte temperamentvoll, organisch. Er war eine Autorität, schon seine Grösse wirkte autoritär. Wir hatten Respekt, er war keine Flasche. Er war aber auch kein Opportunist, das war er schon gar nicht, einer, den man manipulieren konnte. Das trug ihm natürlich Schwierigkeiten ein. Ich hatte das Gefühl, da war viel Neid und Eifersucht, die Angst in der Schweiz vor Konkurrenz, vor Persönlichkeit. Ich glaube nicht, dass er zufrieden war, dafür war es zu eng.[83]

Kasics fühlte sich zunehmend entmutigt, da er im Stadttheater wieder nur Operetten dirigieren durfte. Dies umso mehr, als Direktor Ekkehard Kohlund in diesem Haus vom Bühnenbildner zum Schauspieler und schliesslich zum Regisseur aufgestiegen war. Elvira Schalcher vermutet, es habe vor allem an Tibor Kasics' eigenwilliger Art und seiner politischen Einstellung gelegen, dass er sein Ziel auch in Bern nicht erreichte:

> Ich spürte, was Tibor wollte, seine Persönlichkeit ausleben und seine Kapazität. Aber die waren ja alle abhängig vom Verwaltungsrat und von der Politik, von den politischen Einstellungen, und der Tibor war ja eher ein Kommunist, das wusste man. Er hat seine Ansichten schon geäussert. Er war ein sehr mutiger Mensch, kein Speichellecker. Er konnte gar nicht anders, er war so gebaut. Im Grunde war er ein Besessener. Aber wir hatten ja keine Wahl. Wir mussten uns damit abfinden, was hier geboten wurde.[84]

Kasics' Arbeitspensum am Stadttheater Bern ging kontinuierlich zurück: Von den anfänglich acht Operetten, die er in der Saison 1947/48 geleitet hatte, blieben im letzten Vertragsjahr 1950/51 nur noch vier. In der Spielzeit 1951/52 kam es noch zu einer Zusammenarbeit ohne Saisonvertrag. Für diesen letzten Einsatz haben sich offenbar Mitglieder des Orchesters und des Schauspiel-Ensembles stark gemacht. Der Rückzug in Raten beendete nicht nur Kasics' längerfristige Gebundenheit an ein Theater, sondern auch seine Bemühungen, in der Klassik Fuss zu fassen. Sein Ziel, anstelle der Operetten endlich Opern dirigieren zu können, hatte er in den zwölf Jahren Stadttheatertätigkeit nur ein einziges Mal erreicht, als er im Frühjahr 1951 in Bern Smetanas *Verkaufte Braut* dirigierte. Eine lobende Expertise, die er von Gottfried Becker, dem ersten Kapellmeister am Stadttheater Basel, anfertigen liess, nützte nichts: Die Dirigentenstelle für Opern am Stadttheater Bern blieb besetzt.

Kasics' grösste kompositorische Leistung dieser Zeit war die Operette *Charley's Tante*, die als Silvesterpremiere 1947/48 im Stadttheater Zürich uraufgeführt wurde und 1948/49 im Spielplan des Berner Stadttheaters Aufnahme fand. Das Textbuch basiert auf der gleichnamigen Komödie von Brandon Thomas und stammt von Hans Zimmermann und Fritz Schulz. Tibor Kasics war mit dieser klassischen Verwechslungskomödie schon in den 1920er-Jahren in Berührung gekommen und regte nun die Transformation in eine Operette an. Das Lustspiel wurde mehrmals verfilmt, erstmals 1955. Als Operette war *Charleys Tante* allerdings trotz «gefälliger Musik» und «hübschen melodischen Einfällen», wie ein Kritiker schrieb, nicht besonders erfolgreich.[85]

Tibor Kasics' Sehnsucht nach einer Karriere im Bereich der klassischen Musik blieb damit unerfüllt. Es ist verständlich, dass er sich «künstlerisch unbefriedigt» fühlte und über die Traurigkeit klagte, die ihn bei jedem Besuch einer guten Musikaufführung befiel.[86]

39
Tibor Kasics als Unterhalter, Zürcher Künstlermaskenball 1956.

DER BARPIANIST Die unbefriedigende Situation als Operettendirigent hatte Tibor Kasics zwar hinter sich gelassen. Eine halbwegs akzeptable Alternative bot sich ihm jedoch nicht. Damit er finanziell durchkam, musste er wieder kurzfristige Arbeitsverhältnisse eingehen, die seinen musikalischen Ansprüchen mitunter kaum genügten.

Zunächst war Tibor Kasics darum bemüht, den Anschluss an die Kabarett-Szene nicht zu verlieren. Diese hatte sich nach dem Krieg stark verändert: Das *Cabaret Federal* hatte das *Cornichon* als berühmtestes Ensemble-Kabarett abgelöst. In den 1950er-Jahren entstanden aber weitere Kabaretts mit Ensemble-, Duo- und Soloprogrammen. Diese verschafften Komponisten und Autoren immer wieder kleinere Aufträge. Um Komponisten habe man immer wieder buhlen müssen, berichten etwa César Keiser und Margrit Läubli.[87] Für Tibor Kasics bedeuteten solche Anfragen willkommene Arbeit: Er schrieb Musik für das *Cabaret Federal*, für das Duo *Voli Geiler/Walter Morath*, mit dem er als Pianist auch auf drei Auslandtourneen ging, für die *Kleine Freiheit* in München, für das *Cabaret Rüeblisaft* aus Baden oder das *Cabaret Rotstift*.

Diese Beschäftigungen reichten aber nicht aus, um davon leben zu können. Als zusätzliche Verdienstmöglichkeit bot sich daher die Werbung an. Das Wirtschaftswachstum der 1950er-Jahre führte zu einem gesteigerten Werbevolumen, wodurch auch die so genannten Werbe-Kabaretts wieder aufkamen. Für zwei solcher Unternehmungen übernahm Tibor Kasics die musikalische und administrative Leitung. 1950 trat er an der Mustermesse Basel mit dem *Cabaret MUBA* auf, und 1954 spielte er mit dem *Cabaret Papagei* im gesamten Geschäftsgebiet der als Sponsor auftretenden Einkaufsgenossenschaft Kolonial EG Burgdorf.

Werbe-Kabaretts sind eine eigentliche Umkehrung des politischen Kabaretts: Statt aus dem Alltäglichen zu einer politischen Pointe zu gelangen, entwickelte man aus dem Politischen einen Werbeslogan. Das politische Zeitgeschehen verkam so zum blossen Aufhänger. Letztlich wurde die komische Wirkung nur dadurch erzielt, dass das beworbene Produkt in einen ungewöhnlichen Zusammenhang zu stehen kam. Die folgende Textpassage aus einem Lied des *Cabaret MUBA* verdeutlicht dies. Die einzelnen Strophen dieses Couplets enden mit der Wendung, dass alles «an einem Faden hänge». Auftraggeber war der Textilhersteller Sisi-Wolle. Für den sonst so engagierten Autor C. F. Vaucher war diese Form von Kabarett offensichtlich keine grosse Herausforderung. Im zitierten Beispiel sind nicht einmal die Schlusszeilen ausgearbeitet – nur in einer arg baseldeutsch chargierten Variante reimen sich die beiden Schlusssilben «Demokrate» und «Fade»:

> Sie tüend in Prag, was Gottwald will,
> und 's gliich passiert dir au in Budapest.
> Ungarn kopiert dänn au dä Stil –
> Und dito Sofia und Bukarest.
> Und d'Freiheit händ's vereint im Bunde
> Scho längscht vor eusem Rütlischwur erfunde.
> Sind drum die einzig ächte Demokrate…
> Me kännt's efang – 's hängt alles amene Fade, amene rote Fade!![88]

Der Ausschnitt zeigt, wie einfach das Werbe-Kabarett der 1950er-Jahre im Zuge des Kalten Kriegs funktionierte: mit populärer, unreflektierter Stimmungsmache gegen den Ostblock. Für die politisch anders denkenden Autoren und Musiker grenzte die Mitarbeit an derartigen Projekten an Selbstverrat.

Schon die Arbeit beim Kabarett gehörte zu dem, was Tibor Kasics «Gelegenheitsgeschäfte» nannte. Aus finanzieller Not war er nun aber gezwungen, seine musikalischen Ansprüche gänzlich aufzugeben und sich als Barpianist zu betätigen. Im Gegensatz zu den Kabarett-Aufträgen bedeuteten die Engagements in Tea-Rooms, Cafés, Bars und Hotels für Tibor Kasics einen beruflichen Abstieg. Die Arbeitsbedingungen als Barpianist waren miserabel. Für den gewandten Pianisten Kasics war die zu erfüllende Aufgabe nicht nur öde und langweilig, es kamen auch noch die langen Arbeitstage bis tief in die Nacht hinzu, Präsenzzeiten von bis zu zwölf Stunden. Auf den Künstler Kasics wirkte zudem der soziale Status eines Barpianisten besonders erniedrigend – er war nicht mehr primär Musiker, sondern Unterhalter, der die Gäste in Stimmung bringen musste. Mit Singen, lockeren Sprüchen und witzigen Einwürfen galt es, zum Trinken zu animieren.

In diesen langen Nächten am Piano kam es auch zu üblen Szenen. Ein direkt Beteiligter hätte sich gern bei Tibor Kasics für sein Verhalten entschuldigt:

> Da war ich mal in einem [Restaurant] mit einem Freund. Und da haben wir da so Tibors Konzert genossen, und dann hat mir mein Freund einen Bären aufgebunden. Er hat mir ein Zehnernötchen in die Hand gedrückt und gesagt, ich solle das dem Tibor bringen. Aber ich solle es nicht einfach nur hinlegen – so mache man das nicht bei den Ungaren. In Ungarn mache man das anders: Man klebe die Note mit ein bisschen Spucke an die Stirn. So hätten die das am liebsten. Dann ist der [Tibor] aber wahnsinnig wütend geworden und hat die [Note] weggenommen wie eine Schlange und weggeschleudert. Und ich bin ganz beschämt an meinen Platz zurückgeschlichen, und der andere hat hämisch gegrinst. Ich hätte mich ewig gerne einmal beim Tibor Kasics entschuldigen wollen, aber ich habe ihn nie getroffen.[89]

Mit seiner Tätigkeit als Barpianist war Kasics am Tiefpunkt seiner Karriere angelangt. Zwar musste er nicht mehr um Engagements kämpfen wie in der Berliner Zeit, aber die Arbeitsbedingungen und die musikalische Unterforderung waren auf Dauer deprimierend.

40
Musik auf Wunsch, 1963.

1951 – 1986

ANGEKOMMEN

41
Tibor Kasics' spätere Frau Ulla Krause beim Unterricht an der Folkwangschule Essen, 1949.

NEUE VERPFLICHTUNGEN

FAMILIENGRÜNDUNG Im Jahr 1950 dirigierte Tibor Kasics am Berner Stadttheater Paul Burkhards Musical *Hopsa*. Eines Abends traf er vor der Vorstellung im Kapellmeisterzimmer überraschend auf die Tänzerin Ulla Krause. Die junge Frau war bei einer Probe vor Hunger in Ohnmacht gefallen und in Kasics' Zimmer gebracht worden, da es nur dort eine Liege gab. Tibor Kasics versuchte, die Tänzerin mit einer Tafel Schokolade wieder auf die Beine zu bringen. Als sie nichts essen wollte, setzte er sich geduldig zu ihr, brach die Schokolade in Stücke und half ihr beim Essen: «Eins für Sie, eins für mich.» – Würde man diese Szene aus der Sicht des Stadttheater-Personals schildern, spräche man vom «Frauenhelden in Aktion». In Tat und Wahrheit geschah aber das Gegenteil: Tibor Kasics sorgte sich um die junge Frau, die, wie er selbst einmal, entwurzelt und auf der Suche war. Entgegen den Erwartungen von Freunden und Bekannten machte er in diesem Fall auch ernst. Er warb um die junge Tänzerin, obwohl sie in Berlin einen Freund und auch er in Bern eine Freundin hatte. Nach einem gemeinsamen Aufenthalt in Berlin verkündete er ihr feierlich, er werde jetzt nie mehr allein essen! Ulla Krause hatte zunächst «gar keine Zeit, sich zu verlieben», doch liess sie sich von der Bestimmtheit des 22 Jahre älteren Mannes überzeugen. So wurde aus der Essgemeinschaft schon bald eine Familie: Am 22. Februar 1951 heiratete das Paar, am 12. Juni kam Sohn Mischa, am 5. August 1952 Sohn Kaspar auf die Welt.

Ulla Krause hatte mit ihren 24 Jahren schon viel erlebt. Sie war in Dresden aufgewachsen und war nach dem Bombenangriff im Februar 1945 eineinhalb Tage lang verschüttet gewesen. Auf einem Gang durch die fast völlig zerstörte Stadt traf sie in einer halb ausgebombten Villa auf Gret Palucca. Die bekannte Ausdruckstänzerin hatte ihre Tanzschule gerade wieder eröffnet. Palucca erkannte das Talent der jungen Frau und nahm sie in ihre Klasse auf. So wurde aus Ulla Krauses Leidenschaft für Bewegung ein Beruf. Wenige Jahre später wurde sie Lehrerin für Gymnastik, Tanz und Technik an der renommierten Folkwangschule Essen. Bei einem Sommerkurs in Zürich berief man sie ans Stadttheater Bern. Ulla Krauses Weg in die Schweiz liest sich wie ein Abenteuerroman, überquerte sie doch mehrmals illegal die Zonengrenze nach Westdeutschland. Von russischen Soldaten festgehalten, konnte sie einmal die Situation nur retten, indem sie sich als «Artistin» zu erkennen gab. Nachdem die junge Frau den interessierten Soldaten einige Kunststücke vorgeführt hatte, halfen sie ihr, die Grenze unbehelligt zu überschreiten. Zu guter Letzt unterzogen dann Schweizer Zöllner die mittellose Ulla Krause einer Leibesvisitation und konfiszierten die 50 Franken, die sie von Freunden für ihren Aufenthalt erhalten hatte. Geldmangel und Hunger blieben für Ulla Krause auch in der Schweiz ein Normalzustand, da sie mit einem Teil ihrer dürftigen Gage so genannte «Liebespakete» nach Hause schickte.

Innerhalb von zwei Jahren hatte Tibor Kasics sein Leben völlig umgekrempelt. Er trug nun Verantwortung für eine junge, wenn auch unerschrockene und tatkräftige Frau und für zwei kleine Kinder. Die ersten Jahre der jungen Familie waren geprägt vom Überlebenskampf. 1951 wurde Tibor Kasics' Anstellung beim Stadttheater nicht mehr erneuert, und ein Jahr später musste auch Ulla Kasics, zum zweiten Mal schwanger, ihr Engagement als Tänzerin aufgeben. Nun hatte die Familie kein fixes Einkommen mehr, und Tibor Kasics musste weitere Engagements als Barpianist annehmen. Die zahlreichen Briefe an seine Frau geben ein Stimmungsbild aus dieser Zeit. Im September 1952 berichtete er ihr von der «ständigen Selbstüberwindung, irgendwelche Idiotien spielen zu müssen»:[90]

> Hier ist auch ein Sauwetter und ordentlich kalt dazu. Trotzdem bleibt das Café Astoria leer und der Beizer wird allmählich muff auf mich, er meint, ich müsste sein Pleitelokal füllen können. Es wird nach und nach ungemütlich. Aber mir bleibt nichts übrig, als das Beste zu tun und die Dinge nehmen, wie sie sind. Wenn nur ein Schimmer von einer Hoffnung da wäre! Nun, wir beide kleinen lieben Idioten, wir müssen eben tapfer alles ertragen![91]

Im selben Jahr ging Kasics mit dem Kabarettistenpaar Voli Geiler und Walter Morath auf Tournee. Während ihr Mann

42
Mit Ulla Krause am Kurfürstendamm, Berlin 1950.

43
Auf dem Weg zur Arbeit, Tibor Kasics mit den Söhnen Kaspar und Mischa, Zürich 1958.

in München spielte, fand Ulla Kasics in Zürich eine einfache Wohnung. Kasics litt unter der Trennung von seiner Familie. Aus München klagte er:

> Ich bin schon ganz blöd vor Verzweiflung und meine Hände zittern beim Klavierspielen vor Aufregung. Und wenn ich an Dich und Mischa denke, muss ich weinen wie ein altes Weib. Bald werde ich Jugendbilder zeigen wie die Lokusfrau vom Schottenring.[92]

Tibor Kasics konnte und wollte nicht mehr allein sein. Seine Frau und wenn möglich auch die Kinder mussten ihm folgen, wenn er gezwungen war, für Engagements im In- und Ausland die Koffer zu packen. Es war, als hätten die vielen Junggesellenjahre Tibor Kasics den Wert einer dauerhaften Beziehung erkennen lassen.

1953 erhielt die Familie Kasics die Kündigung für ihre Wohnung. Als Musiker, der teilweise zu Hause arbeitete, war es für Tibor Kasics schwierig, eine neue Bleibe zu finden. Nach vergeblicher Suche machten er und seine Frau aus der Not eine Tugend: Sie entschlossen sich, ein Haus zu kaufen. Mit riesigem Aufwand bemühte sich das Paar, das Geld bei Freunden und Bekannten aufzutreiben, da die Banken, mit Ausnahme einer Quartierbank, ihnen keinen Kredit gewährten. Die unerwarteten Kanzleigebühren konnten sie nur bezahlen, weil am selben Tag zufällig eine Honorarüberweisung von Geiler/Morath eintraf.

Im März 1954 zog die Familie mit vier Untermietern und einer Untermieterin an der Zürcher Englischviertelstrasse ein. Anfang September eröffnete Ulla Kasics im Erdgeschoss ein Gymnastikstudio, um die noch fehlenden Einnahmen für die Hypotheken zu erwirtschaften. Was mit einer einzigen zahlenden Kundin begann, wuchs über die Jahre. 1964 gründete Ulla Kasics zusätzlich eine Schule zur Berufsausbildung von Bewegungspädagogen. Während 15 Jahren stand sie dem Schweizerischen Berufsverband für Tanz und Gymnastik als Präsidentin vor.

Mit der Familiengründung und dem Kauf eines Hauses hatte Tibor Kasics Entscheidungen getroffen, die seinem bis dahin unsteten Leben eine feste Grundlage gaben. Er zog daraus die Kraft, den Tiefpunkt seiner Karriere zu überwinden und seine vielseitige berufliche Tätigkeit mit neuer Leidenschaft weiterzuführen.

BEIM SCHWEIZER RADIO Den Einstieg ins Radiometier verdankte Tibor Kasics der noch von Berlin herrührenden Bekanntschaft mit dem Musiker Walo Linder. Dieser spielte damals im berühmten Orchester *Teddy Stauffer.* Bei einem

Ball im Zürcher Grandhotel Dolder traf Linder überraschend auf Tibor Kasics, der dort als Barpianist aufspielte. Er zeigte sich entrüstet, als er sah, dass sein alter Bekannter dieser Arbeit nachgehen musste. Linder verhalf Kasics zur Anstellung beim Radio, indem er ihn zu seinem Nachfolger als musikalischer Leiter der Sendung *Café Endspurt* machte. Als eine der ersten regelmässig ausgestrahlten Magazinsendungen wurde diese Sportsendung alle zwei Wochen am Freitag über Mittag ausgestrahlt. Das *Endspurt*-Team, bestehend aus Josef Renggli (Texte), Jean-Pierre Gerwig (Sprecher) und Walo Linder (ab 1956 Tibor Kasics) imitierte einen Stammtisch und diskutierte sportliche Ereignisse. Die Gespräche wurden durch musikalische Beiträge unterbrochen. Bisweilen lud man auch Gäste ein, so etwa den populären Radrennfahrer Ferdi Kübler. Das bis 1962 weitergeführte Magazin war äusserst erfolgreich und konnte 1957 die 100. Sendung feiern. In einem Gratulationsartikel hob der Tages-Anzeiger treffend Tibor Kasics' Qualitäten hervor:

> Tibor Kasics wollen wir heute ein Kränzchen winden dafür, dass er in seinem Auswählen stets versucht, dem unbeschwerten, mitunter auch ironischen oder gar satirischen Ton des Textes zu folgen; dafür, dass er die bösesten Niederungen des Schlager(un)wesens meidet; dafür also, dass er ein fröhlicher Mensch ist und dass er weiss, was gute Unterhaltungsmusik ist.[93]

Auf der Sendung *Café Endspurt* konnte Kasics aufbauen. Auf Jahresbeginn 1957 stellte das Radio einen Vertrag aus, der ihn zur Mitarbeit im Ressort *Bunte Programme* verpflichtete. Das Arbeitspensum war im Vertrag nicht festgelegt, dieser enthielt nur die zu betreuenden Sendungen und ein relativ bescheidenes monatliches Fixum. Der halbjährlich zu erneuernde Vertrag mündete 1961 in ein festes Anstellungsverhältnis mit einem Arbeitspensum von 60 Prozent.

Bereits in den 1940er-Jahren hatte Kasics einen Versuch unternommen, beim Radio unterzukommen. Er hatte eine Kapelle gegründet und schlug vor, abwechselnd in einem Berner Restaurant und am Radio (Studio Bern) aufzutreten. Das Vorhaben gelang: Von 1945 bis 1946 spielte das *Casino-Radio-Orchester Tibor Kasics* mal für die Gäste des Restaurants Casino, mal für das Radiopublikum zu Hause.

Kasics stellte für das *Casino-Radio-Orchester* das Repertoire zusammen, leitete Proben, erledigte die Administration und löste Personalfragen. Die vertraglich festgelegten 51 Wochenstunden reiner Spielzeit waren neben den anderen Aktivitäten aber nicht durchzustehen. Er engagierte

44
Tibor Kasics instruiert Werner Kruse vor dem Live-Auftritt im Studio Bern, mit seinem *Casino-Radio-Orchester*, 1946.

45
Mit den *Limmatfaltern* – dem vielfältig einsetzbaren Gesangsensemble, Radiostudio Zürich, 1959.

deshalb im Frühjahr 1946 für je einen Monat den Pianisten Werner Kruse und den Sänger Vico Torriani, um ein Engagement im Kongresshaus Zürich wahrnehmen zu können. Die Kapelle konnte sich längerfristig nicht durchsetzen. Im Herbst 1946 wurde Cédric Dumonts Unterhaltungsorchester für den gesamten Sender Beromünster engagiert, was Kasics' Kapelle überflüssig machte.

Nach seiner Anstellung 1957 betreute Kasics die unterschiedlichsten Sendeformate, in denen zum Teil die neusten technischen Errungenschaften der letzten Jahre eingesetzt wurden. In der Sendung *Pick-up* plauderte er mit C. F. Vaucher über neue Schallplatten, für *Pot-au-feu* stellte er Ausschnitte aus so genannt «heiteren Programmen» der letzten Zeit zusammen, und in *Ein Klavier und vier Orchester* improvisierte er Überleitungen für ein Non-Stop-Musikprogramm mit Orchesteraufnahmen. Daneben begleitete er am Klavier: Skihüttensendungen aus Arosa oder vom Stoss, Bunte Abende oder die Sendung *Hütt isch Samschtig,* in der auch die von ihm instruierten *Limmatfalter* auftraten. Zu diesem Ensemble, das als reine Radioerfindung nie ausserhalb des Studios auftrat, gehörten anfänglich Vincenzo Biagi, Georges Pilloud, Vera Furrer und Ines Torelli. Wenn es darum ging, einen Jingle, ein Signet oder eine Einleitung zu singen, griff man gerne auf die *Limmatfalter* zurück – vom Schlager bis zum Kabarett war ihnen alles geläufig. Mit den *Limmatfaltern* stand dem Radiostudio Zürich ein vielfältig einsetzbares Unterhaltungselement zur Verfügung, das dem Publikum durch den Wiedererkennungseffekt Orientierung innerhalb der Programmvielfalt ermöglichte. Tibor Kasics konnte sich so mit seinem Ensemble in der Abteilung Unterhaltung etablieren. Die Ideen zu den verschiedenen Sendungen wurden oft in einem Restaurant in der Nähe des Radiostudios ausgeheckt, wie der damalige Mitarbeiter Max Rüeger erzählt:

> In dieser Pionierzeit, dieser Erfinderzeit, dieser Zeit, in der man ohne grosse administrative Umtriebe hat experimentieren können, da hat man einfach losgelegt. Immer und immer wieder sind wir im Restaurant Birchegg zusammengesessen. Vaucher, Gmür, Alfred Bruggmann, Tibor und ich. Wir haben geplaudert, gegessen und getrunken. Gegen halb elf in der Nacht hatten wir manchmal eine Idee, und weil meistens noch ein junger Techniker dabei war, sind wir noch schnell ins Radiostudio hinübergegangen. So um Mitternacht hat dieser Techniker dann die Maschinen angeworfen, und wir haben die Sendungsideen zu Faden geschlagen.[94]

46
Warten auf den ersten Anruf, mit Hans Gmür in der Sendung *Sie sind Ohrenzeuge!*, 1960.

47
Aufnahmen mit Paola Del Medico, Hans Möckel und Lutz Harteck am Klavier, 1967.

48
Im Schallplattenarchiv, Radiostudio Zürich, 1956.

Die regelmässige Arbeit, verbunden mit der ihm übertragenen Verantwortung, war für Tibor Kasics durchaus befriedigend. Er hatte sich zum Ziel gesetzt, in der Abteilung Unterhaltung für ein möglichst hohes Niveau zu sorgen. Selbst das Zusammenstellen von Schallplattenprogrammen ging Tibor Kasics, wie Max Rüeger betont, mit hohen Ansprüchen an:

> Er hat auch das Gestalten von Plattenprogrammen unendlich ernst genommen. Er ordnete die Abfolge der Stücke nach Prinzipien, die sonst niemand berücksichtigt hätte. Ich selber habe doch auch solche Programme gemacht, Hunderte! Aber man hat die musikalischen Beiträge nach Titeln zusammengestellt, nach Gesang oder Instrumentalfolgen, nach Themen geordnet. Wenn aber bei Tibor Kasics das eine Stück in E-Dur aufhörte, so musste das folgende ebenfalls in E-Dur beginnen – oder zumindest in einer komplementären Tonart! Wahnsinn – er war so ein Qualitätsmensch.[95]

Kasics liess es sich nicht nehmen, die ausgestrahlten Programme zu Hause zu kontrollieren. Oft hörte er seine Sendungen mit oder nahm sie auf Band auf – schliesslich verstand er sie als Hörprogramme und nicht als Hintergrundmusik. Bemerkte er auch nur kleinste Abweichungen, mussten die Moderatoren mit einer lautstarken Ermahnung rechnen.

Radiobeiträge waren in den Pionierjahren noch stark von Live-Musik abhängig. Diese Situation änderte sich in den 1950er-Jahren, als die Studios nach und nach mit modernen Apparaturen ausgestattet wurden. Die Entwicklung und Verbreitung der Langspielplatte und die Erfindung des Magnettonbands ermöglichten vollkommen neue Sendeformate. Die Studios bauten ihre Schallplattenarchive aus und gewannen mehr Freiheit bei der Programmgestaltung. Sie konnten auch besser auf die Wünsche der Hörerschaft eingehen.

Gleichzeitig erfolgte ein wichtiger Schritt zur Popularisierung des Radios. Mit der Transistor-Technologie verliess das Radio die gute Stube und wurde zum ständigen Begleiter: draussen beim Picknick, während einer Zugfahrt oder im eigenen Auto. Tibor Kasics verfolgte die technologische Entwicklung mit grossem Interesse, forderte sie doch seinen Pioniergeist heraus. Mit der neuen Allgegenwart des Radios kam er allerdings nicht zurecht. Wenn ein Nachbar bei offenem Fenster Radio hörte, protestierte er lautstark, bis dieser das Fenster schloss, während die andern Nachbarn erstaunt die ihrigen öffneten. Aber auch leise Radiomusik in einem Restaurant trieb Tibor Kasics mitsamt seiner überrumpelten Familie jeweils in die Flucht. Es entbehrt nicht der Ironie, dass Kasics nicht zuletzt dem anwachsenden Radiokonsum eine Popularität verdankte, die er als Komponist oder Theatermusiker nie hätte erreichen können. So sei er einmal auf der Strasse von einem Mann angesprochen worden, der ihn verdutzt fragte: «Was machen denn Sie hier? In fünf Minuten beginnt doch Ihre Sendung!»

Tibor Kasics' Know-how und seine auf Qualität bedachte Arbeit verschafften ihm bei anderen Radioabteilungen Respekt. Immer wieder wurden ihm spezielle Aufgaben zugetragen. Eine künstlerische Herausforderung waren für ihn die beliebten Hörspiele. Tibor Kasics vertonte für das Schweizer Radio gut 30 Hörspiele, die von Mundart-Vorlagen bis zu Literaturadaptionen reichen. Hier konnte er seine langjährige Erfahrung als Theatermusiker einbringen und Kompositionen unterschiedlichsten Stils auf den jeweiligen Stoff abstimmen. Tibor Kasics verstand Musik immer als inhaltliche Ausdrucksform. Besonders engagiert arbeitete er, wenn es darum ging, Inhalte, die ihm nahe lagen, in Musik umzusetzen.

Bereits vor seiner festen Anstellung beim Radio hatte Tibor Kasics mit den beiden Produktionen *Nous irons à Oerlikon* (1955) und *Das verlorene Lied* (1956) auf sich aufmerksam gemacht. In beiden Fällen handelt es sich um Radio-Musicals, für die er verantwortlich war. Ähnlich wie bei der radioerprobten Transformation eines Theaterstücks zum Hörspiel versuchte man mit Radio-Musicals, der Operette oder Revue eine radiotaugliche Gestalt zu geben.[96]

Nous irons à Oerlikon ist eine musikalische Komödie, die Kasics zusammen mit C. F. Vaucher und Guido Baumann

49
Beim Zusammenstellen eines Musikprogramms, Radiostudio Zürich, 1967.

konzipierte. Sie läuft auf das grosse Finale, das *Oerlikon*-Lied, hinaus. Das zum bekannten Schlager gewordene Schlusslied mit Text von Jürg Amstein wurde von Lys Assia und Georges Pilloud vorgetragen. Lys Assia singt das Dialektlied mit leichtem Akzent, was in der Komödie mit der ungarischen Herkunft der Protagonistin begründet wird, die bei ihrer Tante in Zürich Aufnahme gefunden hat. Interessanterweise zeigt das Musical Anlehnungen an Tibor Kasics' Leben. Auch im Musical zieht eine Hauptfigur den Jazz der Klassik vor und widersetzt sich damit der Erziehungsperson. Im Radio-Musical allerdings mit der Ironie, dass die Tante vom *Oerlikon*-Lied begeistert ist, weil sie meint, eine von Käthy gesungene Opernarie zu hören.[97]

Ende der 1950er-Jahre vertonte Tibor Kasics die in Hörspiele umgearbeitete Theatertrilogie *Marius, Fanny* und *César* von Marcel Pagnol. Der Stoff erinnerte ihn an seine zahlreichen Ferienaufenthalte bei einer Freundin seiner Mutter, die in der Provence lebte und sehr gastfreundlich war. Pagnols Geschichten spielen in einem von Kasics bevorzugten Milieu, sie handeln vom Leben und Alltag der kleinen Leute. Kasics engagierte sich sehr für diese Produktion und schrieb eine Musik, die sich an der französischen Musette orientiert.

Das Hörbild *Stunden im Garten* nach einer Verserzählung von Hermann Hesse war für Tibor Kasics mit Erinnerungen an seine Mutter verknüpft. Sie war mit Hermann Hesse befreundet gewesen. Zahlreiche Briefe, mit Gedichten und kleinen Aquarellen versehen, zeugen von seiner Verehrung der Durigo. *Stunden im Garten* wurde in den frühen 1970er-Jahren als Mischung aus Lesung und Hörspiel konzipiert. Tibor Kasics komponierte dazu ein modernes Oboensolo, gleichsam in Erinnerung an seine Mutter.

Als die Radio-Redakteurin Verena Billeter-Guggenheim 1974 zwei Kinderbücher eines älteren amerikanischen Autors entdeckte, gespickt mit skurrilen, einzigartigen Gedichten, zu denen es keine Musik gab, riet ihr eine Kollegin, Tibor Kasics anzufragen. Verena Billeter-Guggenheim zögerte:

> Ich kannte ihn ja nur vom Sehen und dachte, das sei ihm nicht wichtig genug. Er war ja eine graue Eminenz im Radio und nicht regelmässig da. Doch als ich ihm das Buch zeigte, freute er sich darüber. Die Geschichte, in der Anna Lavinia ihren Vater sucht, faszinierte ihn. Und dann hat er die Lieder mit sparsamen Mitteln umgesetzt, mit Gitarre und Blockflöte. Er hat sie richtig in die Geschichte hinein komponiert, und die Lieder des Vaters sang er gleich selbst. Er hat vom Ausdruck her sehr viel verlangt, auch vom Tempo her. Wir haben es x-Mal aufnehmen müssen, bis es so war, wie er es sich vorgestellt hatte. Manchmal kam ich als Sängerin an die Grenzen des Machbaren. Aber ich dachte, «das ist ein Profi», und ich fühlte mich sehr herausgefordert.[98]

In den 1970er-Jahren begann man im Radio zunehmend auf jüngere Kräfte zu setzen. Man kürzte Tibor Kasics' Beiträge kontinuierlich. Allerdings liess sich dieser nicht davon abhalten, auch nach seiner Pensionierung weiterhin Sendungen musikalisch zu betreuen. Noch lange gehörte zum Beispiel der *Nachtexpress* zu Kasics' Aufgabenbereich. Für Max Rüeger ist es im Nachhinein eine Ungeheuerlichkeit, dass sich Kasics' Arbeit auf das Ausführen von Hörerwünschen reduzierte:

> Man stelle sich vor! Bei dieser musikalischen Potenz dieses Mannes! Den *Nachtexpress* hätte auch ich mit meinen musikalischen «Fähigkeiten» betreuen können – auch ich wusste, wie mit Plattensignaturen umzugehen war. Und gerade im *Nachtexpress* brauchte es kaum musikalisches Wissen, weil die Hörer mitbestimmen konnten. Tibor hat jedesmal einen Herzinfarkt bekommen, wenn er das *Kufsteinerlied* auflegen musste![99]

1976 wurde der Pensionär Kasics gemäss interner Regelung nur noch als freier Mitarbeiter für ein paar wenige Wochenstunden beschäftigt. 1982 schied er ganz aus dem Betrieb aus. Dass Kasics als bald 80-jähriger Mann noch immer am Radio gebraucht wurde, kann aber als grosse Anerkennung seiner Arbeit betrachtet werden.

50
FERA 1963, Tibor Kasics mit der Fernsehansagerin Cordelia Guggenheim an der Fernseh- und Radioausstellung.

ALLTÄGLICHES Inzwischen hatte das Leben der Familie Kasics an der Englischviertelstrasse seine geregelten Bahnen gefunden. Ulla und Tibor Kasics führten eine harmonische, liebevolle Ehe. Es gab keinen Abend, an dem sie nicht auf die oft späte Heimkehr ihres Mannes oder er auf das Ende ihrer abendlichen Kurse wartete. Täglich genossen sie «ihre Stunde», in der sie noch über Arbeit und Kinder redeten. Nicht selten besuchten sie befreundete Künstlerfamilien wie jene des Filmers Kurt Früh, die alle in der Nähe wohnten. Für Katja Früh ein wichtiges Erlebnis ihrer Jugendzeit:

> Tibor und Ulla waren für uns das absolute Traumpaar. Sie waren immer zusammen, haben jeden Abend einen Spaziergang gemacht. Wir schauten immer zum Fenster hinaus, Jessica und ich, ob sie kommen. Es war auch wichtig für meine Eltern, dass sie hinaufkamen. Tibor und Ulla brachten etwas Frisches und Gesundes herein, sie verbreiteten eine irrsinnige Stimmung. Sie kamen immer mit einer Flasche Corvo, und diese Flasche hat Tibor meistens allein getrunken. Und dann war es laut und lustig, und ich fühlte mich so geborgen und konnte gut schlafen.[100]

Durch berufliche Aktivitäten kamen weitere Freundschaften hinzu, so mit César Keiser und Margrit Läubli, mit C. F. Vaucher und der Familie des Schauspielers Fred Tanner, mit welcher Tibor und Ulla Kasics häufig dem Jassen frönten.

Die intensive Berufstätigkeit von Tibor und Ulla Kasics teilte den Familienalltag aber in eine Kinder- und eine Erwachsenenwelt, die sich eigentlich nur bei Mahlzeiten, Sonntagsspaziergängen und dem Besuch von Fussballspielen überlappten. Als die Kinder klein waren, interessierte sich Tibor Kasics sehr für Erziehungsfragen, überliess aber die praktische Umsetzung seiner Frau. So kam es, dass die beiden Jungen Mischa und Kaspar ihren relativ alten Vater «wie einen fernen Patron»[101] erlebten, der seinen eigenen Sachen nachging. Sie hörten ihn, wenn er komponierte, und horchten oft an der Tür, wenn er privaten Gesangsunterricht gab.

Allgegenwärtig war Tibor Kasics aber im fix geregelten Tagesablauf, der für alle Familienmitglieder verbindlich war, und in der perfekten Ordnung, die eingehalten werden musste: Seine Patience nach dem Mittagessen war heilig, und wenn man ein Haushaltgerät nicht wieder an den dafür vorgesehenen Platz zurücklegte, konnte man das aufbrausende Temperament des Vaters zu spüren bekommen. Über seine Vergangenheit sprach er ebenso wenig wie über Gefühle oder Konflikte bei seiner Arbeit, etwas, das man, wie zum Beispiel Katja Früh, als «extrem schweizerisch» empfinden konnte.

Tibor Kasics war ein oft abwesender, zugleich aber ein verständnisvoller Vater, der hinter den Streichen und Fehlleistungen seiner Söhne eine verborgene Not oder ein entwicklungsbedingtes Verhalten erkannte. Als einer seiner Söhne zugeben musste, der Mutter wiederholt Geld für Süssigkeiten aus dem Portemonnaie gestohlen zu haben, schlug er vor, die Sache dadurch zu regeln, dass die Kinder künftig Taschengeld erhalten sollten.

Problematischer waren für Tibor Kasics die musikalischen Vorlieben seiner Söhne. Als junger Mann war er ein begeisterter Jazzer gewesen. Der neuen «Beatmusik» allerdings konnte er nicht viel abgewinnen. Das brachte ihm im Mai 1968 in Jürg Marquards Postille «Pop» sogar öffentliche Kritik ein:

> Radio Zürichs Anti-Pop-Spezialist und Auch-Notenschreiber Tibor Kasics (Bilanz: bisher hitlos ausgegangen) glaubte, die *Proccol Harum* in «A Whiter Shade of Pale» beim musikalischen Plagiat ertappt zu haben. Er studierte zu diesem Zwecke sämtliche Orgelwerke von J. S. Bach, fand aber keine Anhaltspunkte und rief deshalb seine Hörer zur Mitarbeit auf.[102]

Für Kasics waren in der Popmusik schlicht Dilettanten am Werk, die nicht mehr als drei Akkorde beherrschten. Mehr noch störte ihn die dahinter stehende Musikindustrie, die die Musik zu einer blossen Ware erniedrige. Allerdings brachte er seinen Kindern aus dem Radiostudio regelmässig Sammelplatten mit den aktuellen Pop-Hits nach Hause.

51
Erste Ferienreise nach Dubrovnik, 1957.

Auch die erste Beatles-Single *She loves you!* gelangte auf diesem Weg ins Haus Kasics. Sie durfte aber nur gespielt werden, wenn der Vater nicht in Hörweite war.

Bei der Popmusik konnten Tibor Kasics' Söhne noch ausweichen. Was die klassische Musik anging, gerieten sie jedoch in ein unauflösliches Dilemma. Als Kinder aus einer derart musischen Familie mussten sie natürlich ein Instrument spielen. Sass nun Tibor Kasics bei seiner mittäglichen Patience und hörte einen seiner Söhne Klavier üben, polterte er, ohne sein Spiel zu unterbrechen: «A! Du musst ein ‹A› spielen. Das ist ein F-Dur-Dreiklang!» Kein Fehler blieb ungeahndet, und Mischa und Kaspar trauten sich schon bald keinen Ton mehr zu. Keine Musik zu machen, war aber undenkbar. Die Söhne reagierten jeder auf seine Weise: Mischa reduzierte sein Interesse am Musizieren, und Kaspar spielte fortan Gitarre, ein Instrument, bei dem sich der Vater einerseits aus Unkenntnis und andererseits aus Geringschätzung jeglichen Kommentars enthielt. Musiker durften die Söhne ohnehin nicht werden. Dies sei ein Hungerberuf, meinte der Vater. Mischa wurde nach einigen Umwegen Lehrer, Kaspar nach ebensolchen Filmemacher.

Dass die Musikerlinie in seiner Familie abbrach, dürfte für Tibor Kasics eher eine Erleichterung gewesen sein. Sein zwiespältiges Verhältnis zur klassischen Musik hatte sich nämlich nicht entspannt, nur ging er jetzt anders damit um: Seit der Familiengründung unternahm er keine Bemühungen mehr, in der Klassik Fuss zu fassen. Im Haus Kasics war nie ein Ton klassischer Musik zu hören. Es sei denn an Weihnachten, wenn Tibor Kasics Lieder aus Schuberts *Winterreise* sang oder man eine Aufnahme mit Ilona Durigos Stimme hörte. Meist aber wechselte Tibor Kasics von Schubert zu Hanns Eislers *Lied vom Wasserrad* oder Friedrich Holländers *Lerne warten, ohne zu klagen.* Klassische Konzerte besuchte er nie mehr, weil er dabei, wie er seiner Frau sagte, hätte weinen müssen.

ABSTECHER ZU WERBE- UND KUNSTFILM Der Film hat Tibor Kasics zeitlebens fasziniert und nicht losgelassen. In seiner frühen Ahnung der zunehmenden Bedeutung dieses Mediums fühlte er sich bestätigt. Nicht nur als regelmässiger Kinogänger verfolgte er die Entwicklung der Cinematografie, auch seine Tätigkeit als Komponist für Werbefilme fand in den 1950er-Jahren eine Fortsetzung. Für Firmen wie die Burlet-Film AG oder die Condor-Film AG, welche sich auf das Genre des längeren Werbefilms spezialisiert hatten, komponierte Kasics die entsprechende Musik.

Golden Pass, Sonnige Tage und *Fahrt ins Glück* sind solche Werbefilme – sie wurden als Vorprogramm im Kino oder auf Messen und Ausstellungen gezeigt.[103] Letztere, von der PTT in Auftrag gegeben, propagierten Reisen per Postauto quer durch die Schweiz. Bei Postkartenwetter stellte man Naturlandschaften aus allen Landesteilen vor und warb so für das Tourismusland Schweiz. Tibor Kasics unterstützte die Bilder durch ein musikalisches Potpourri. Er mischte musikalische Elemente aus Salonmusik, Swing, Folklore und lautmalerischen Versatzstücken. Ohne dass die Musik abbricht, wird die Besetzung des Orchesters dauernd umgestellt. Beibehalten wird die heitere Grundstimmung und ein beschwingt vorwärts treibender Rhythmus. Wenn Bläser das Hupen des Postautos imitieren, wenn beim ersten Anblick von Ziegen auf der Alp ein Jodel ertönt oder Gitarrenklänge die Einfahrt ins Tessin untermalen, ist in der paraphrasierenden Musik eine gewisse Ironie auszumachen. Die überraschenden, weil ohne Ankündigung eingefügten Übergänge entbehren nicht des Witzes.

In den 1960er-Jahren wurde die Werbelandschaft von Grund auf umgestaltet. 1965 führte das Schweizer Fernsehen DRS nach grossen Widerständen die so genannten TV-Spots ein, was sich auf die Nachfrage nach langen Werbefilmen fürs Kino negativ auswirkte. Die neue Fernsehwerbung zog eine ganze Industrie nach sich: In der Schweiz entstanden rund 30 neue Filmstudios.[104] Für Tibor Kasics, der mit dem Medium Fernsehen lange Zeit nur am Rand in Berührung gekommen war, bedeutete dies neue Aufträge. Bereits für das erste Werbejahr komponierte er Musik für Spots, welche für Coop Kaffee, Blue Pearls und Balenciaga warben. Kasics reizte auch diese Aufgabe: «Das ist für den Komponisten recht interessant, denn jetzt heisst es, in 25 Sekunden etwas Vertretbares ausdrücken, und das ist gar nicht so einfach», erklärte er in einem Radio-Interview.[105] In der Folge komponierte er immer wieder für die Fernsehwerbung, unter anderem für Schweizer Marken wie Ovomaltine, Knorr oder die Swissair. Überaus populär wurde seine Musik für die Teigwaren Ernst AG. Die Melodie wurde 1967 zum Werbelied des Jahres. Noch heute liegt vielen die Musik zu folgendem Text im Ohr:

> Ich choch hüt öppis Guets, öppis choge Guets, öppis bsunders Guets! Ernst-Teigware, Ernst-Teigware, und s'Mami bliibt no schlank debi! Ja, ja, de Ernst hätt 's Bescht, für d'Familie und für d'Gescht, Teigware vom Ernst – es Fäscht! Die mit em Glückschäferli.[106]

Mehr als 20 Jahre lang, bis 1987, wurde das Lied regelmässig und in Variationen ausgestrahlt und sogar für französische Fassungen eingesetzt.

Zu einer wichtigen Spielfilmmusik von Tibor Kasics führte die langjährige Freundschaft mit Kurt Früh. Die beiden kannten sich seit den 1930er-Jahren, als sie an ihren jeweiligen Theater- und Kabarett-Projekten und gemeinsam bei der *Volksbühne Zürich* gearbeitet hatten.

In den 1950er-Jahren feierte Kurt Früh grosse Erfolge mit Filmen wie *Polizischt Wäckerli* (1955), *Bäckerei Zürrer* (1957) oder *Hinter den sieben Gleisen* (1959). Trotz seinem Renommee als erfolgreicher Regisseur musste er aber viele Kompromisse eingehen. Er erhielt kaum je die Kompetenz, sich seine eigene Crew zusammenzustellen oder einen Komponisten für die Filmmusik vorzuschlagen.

Nach seinem Misserfolg mit dem Langspielfilm *Im Parterre links* (1963) zog sich Früh enttäuscht vom Film zurück und wechselte zum Fernsehen. 1970 gelang ihm allerdings mit dem Film *Dällebach Kari* ein erfolgreiches Comeback. Die Verfilmung der Geschichte des bekannten Berner Originals wurde zu seinem markantesten Werk. Frühs Zusammenarbeit mit der neuen Produktionsfirma Stella-/Atlantik-Film ermöglichte ihm, ein neues Team zusammenzustellen. Zum ersten und einzigen Mal arbeitete er mit seinem Freund Tibor Kasics zusammen. Zum *Dällenbach Kari* schrieb Kasics eine feinfühlige Musik, welche der Geschichte und den

52
Im Coiffeurladen, Szene aus Kurt Frühs *Dällenbach Kari* (1970), Dällenbach: Walo Lüönd; Basler Nationalrat: Lukas Ammann; Gehilfe: Fritz Nydegger; Kunde: Franz Matter.

dichten Schwarz-Weiss-Bildern Leichtigkeit und Eindringlichkeit verlieh. Zudem schaffte es Kasics, die eigens für den Film geschriebene *Ballade* des Berner Troubadours Mani Matter in seine Musik zu integrieren, ohne sie zu konkurrenzieren.

Tibor Kasics' letzte Arbeit an einer Filmmusik kam 1984 zu Stande. Die Experimental- und Video-Filmerin Isa Hesse-Rabinovitch nahm den mysteriösen Tod einer Schlangentänzerin zum Anlass für ihren Film *Schlangenzauber.* Sie geht dabei anhand von Schlangensymbolen den Fragen nach Tod und Geburt in verschiedenen Kulturen nach. Zwischendurch formuliert sie ihren Kommentar in Form von Moritaten, die zum Varieté-Milieu der Schlangentänzerin passen.

Die Zusammenarbeit der gegensätzlichen Persönlichkeiten gestaltete sich schwierig. Hesse-Rabinovitchs spontane, intuitive Arbeitsweise irritierte den soliden, auf handwerkliche Qualität bedachten Kasics. Nicht der experimentelle Anspruch, dem er gerne musikalisch folgte, stiess auf seinen Argwohn, sondern Hesse-Rabinovitchs Kunstauffassung, die ihm in der Nähe von Selbstverwirklichung angesiedelt schien. So unkonventionell und experimentierfreudig Tibor Kasics seinen Lebensweg gestaltete – bei seiner künstlerischen Tätigkeit waren ihm Struktur und Kontrolle unentbehrlich. Vielleicht liegt hier der Grund dafür, dass Tibor Kasics nicht aus innerem Drang, sondern ausschliesslich auf Auftrag komponierte und in der Regel die kleine, kontrollierbarere Form der grossen vorzog.

53
«Hier unterhält Sie Berliner Topsy», Szene aus *Dällenbach Kari*, Tibor Kasics begleitet Margrit Neuhaus als Topsy.

54
Seiten 94/95: Zu Besuch bei Kurt Früh, mit Suly Röthlisberger und Susi Trachsler, 1970.

55
Über Jahre hinweg förderte Tibor Kasics privat Gesangstalente, hier mit seinem jüngsten Schüler Peter Ackermann alias Peter Farmer, 1971.

UNGEBROCHENER EINSATZ

LEHRER AN DER SCHAUSPIEL-AKADEMIE Musikpädagogische Aufgaben wie Gesangsunterricht, Sprechschulung oder die Leitung von Musikproben ziehen sich wie ein roter Faden durch Tibor Kasics' berufliches Leben. Kasics hatte beim Kabarett und im Radio immer wieder mit Amateuren und ungeschulten Darstellern zu tun. Hier lernte er, individuelle Fähigkeiten zu erkennen und mit eigenen, manchmal auch durchaus ruppigen Mitteln gezielt zu fördern. Aufgrund seiner breiten Erfahrung im Umgang mit Laien- und Profisängern, aber auch dank seinem Theaterhintergrund wurde Tibor Kasics 1960 an die Schauspiel-Akademie Zürich berufen.

Felix Rellstab übernahm damals die Leitung der Schauspielschule und begann, das 1937 von Paulina Treichler gegründete Bühnenstudio Zürich organisatorisch und inhaltlich zu erneuern. Da mit dem Rücktritt Treichlers ein grosses musikalisches Wissen verloren ging, suchte Rellstab Lehrer für theatralischen Gesangsunterricht. Für alle Dozenten galt, dass sie sich als Künstler in der Praxis bewährt haben mussten. Tibor Kasics war für Rellstab daher ein Glücksfall. Da dieser zudem breite Erfahrung mit den Medien Radio und Fernsehen mitbrachte, konnte er die Lücke problemlos füllen.

Gesangsunterricht, mit dem man den Spielenden Sinn für Rhythmus, Harmonie und die «Zeitgesetze in Sprache und Bewegungsduktus» vermitteln wollte,[107] war von Anfang an wichtiger Bestandteil der Schauspielausbildung. An der Diplomprüfung mussten alle Studierenden ein Lied vortragen. Neben den bevorzugten Brecht-Songs von Weill, Eisler oder Dessau konnten das auch Kabarett-Nummern, amerikanische Musical-Songs, Lieder von Kreisler oder Schubert, Schlager oder klassische Arien sein.

Katja Früh, die Kasics nicht nur privat kannte, sondern auch Schülerin der Schauspiel-Akademie und Kollegin am *Theater am Neumarkt* war, erinnert sich an sein Auftreten:

> Wenn Tibor an der Schauspiel-Akademie oder im Neumarkt auftauchte, haben meine Freundinnen sofort gefragt: «Wer ist das?» Die Frauen waren hin und weg, auch als er schon ziemlich alt war. Tina Engel sagte immer: «Komm, wir gehen zu Tibor!» Und dann gingen wir zu ihm singen. Aber ich behaupte, sie wollte ihn einfach sehen. Er strahlte eine unglaubliche Kraft aus. Das war sehr anziehend.[108]

Ehemalige Schülerinnen und Schüler von Tibor Kasics berichten immer wieder, dass sie sich vor den ersten Gesangslektionen ein wenig fürchteten. Nicht nur die äusserlich eindrückliche Gestalt, sondern auch der dem Gesangslehrer vorauseilende Ruf eines sehr temperamentvollen und gestrengen Pädagogen waren durchaus einschüchternd. Diese Angst wandelte sich aber oft in Begeisterung. Für Theaterregisseur Christoph Marthaler, der in den 1970er-Jahren wie Kasics als Musiker an der Schauspiel-Akademie arbeitete, geschah damals etwas für das Theater Neuartiges:

> Das Wichtigste war, und ich sage das mit einem riesigen Respekt, weil ich von ihm viel gelernt habe: Was er konnte, war, Menschen zum Singen zu bringen. Nicht ein Chörlein auf dem Üetliberg – was zwar auch gut ist, sondern Leute, die wirklich von sich überzeugt waren, dass sie nicht singen konnten. Die sangen plötzlich! Und singen wahrscheinlich heute noch. Er hat Sachen einstudiert, die niemand geschafft hätte. Plötzlich sangen vier Leute zusammen *Comedian Harmonists*, und man dachte: Das kann nicht wahr sein. Das gab es damals so noch nicht. Und ich habe erfahren, dass man das machen kann und habe es später auch eingesetzt.[109]

Tibor Kasics übte einen grossen Einfluss auf die Schule aus, sagt Marthaler, mit einem unglaublichen Repertoire, aus dem er «geben konnte, mit extremer Ernsthaftigkeit und mit einer Beherrschtheit, die im Theater selten ist»:

> Er hatte eine unvorstellbare Wärme – in dieser Trockenheit, in dieser manchmal fast brutalen Art, die er ausstrahlen konnte. Ich weiss, dass viele an der Schule sich an ihn gehalten haben. Er war für sie eine Insel, wie sie sagten. Und sie konnten abspannen, obwohl er

56
***Freiheit in Krähwinkel,* Tibor Kasics auf der Bühne des Schauspielhauses Zürich, 1969.**

57
Vorsprechen der Schauspiel-Akademie Zürich. Tibor Kasics als Lehrer und Begleiter, 1984.

> durchaus «en strenge Siech» war. Aber Freiheit und Vertrauen ist das Wichtigste im Theater und Kasics hatte das irgendwie verinnerlicht.[110]

Schauspieler wie René Ander-Huber schätzten es sehr, dass sie von Anfang an «wie Profis» behandelt wurden. Kasics habe jeweils sofort begonnen, etwas vorzuspielen, erzählt Ander-Huber: «Er fing an, mit einem zu arbeiten, und dann hatte man das Gefühl: Jetzt bin ich im Show-Business!» Die Schauspiel-Akademie habe sonst etwas Klosterhaftes an sich gehabt, «aber er brachte die weite Welt hinein».[111] Auch Kasics' blitzschnelle musikalische Einordnung beeindruckte die Schülerinnen und Schüler. Er erkannte die jeweilige Begabung und sah darüber hinaus die Möglichkeiten, wie diese umzusetzen waren. Die Musical-Sängerin Sue Mathys erinnert sich, dass es Kasics dabei vor allem um die Förderung des eigenständigen Ausdrucks ging:

> Als ich ihm einen Song aus dem Musical *Cabaret* vorsang, sagte er: «Du klingst wie Liza Minelli. Das ist nichts. Du musst klingen wie du selbst. Du musst deinen eigenen Stil finden, musst lernen, so zu klingen, wie DU klingst, und wie würde das klingen?»[112]

Tibor Kasics' Professionalität drückte sich auch in der bedingungslosen Konzentration auf die musikalische Aufgabe aus. Die Verhältnisse seien immer klar gewesen: Er war als Lehrer der Chef und niemals kumpelhaft-kollegial. «Mit ihm wurde gearbeitet», meint Sue Mathys, «oder er war weg»:

> Er hatte als Begleiter die grosse Fähigkeit, auf die Sänger einzugehen. Er reagierte extrem sensibel. Führen und Folgen – ein gelungenes Wechselspiel. Bei ihm war das eine Selbstverständlichkeit. Ich habe dann erst später gemerkt, dass das keine Selbstverständlichkeit ist, sondern eine unwahrscheinliche Qualität![113]

Für Schauspieler Ueli Jäggi war Kasics ein «Verbündeter», der ihn aber immer wieder überrascht habe. Als er ihn bei einem öffentlichen Programm der Schauspiel-Akademie jeweils nach dem ersten Lied dem Publikum vorstellen musste, habe sich Kasics schon während der letzten Takte am Klavier zur Seite gebückt, um einen Kamm hervorzuholen und die beim Spielen vornüber gefallenen Haare mit schwungvoller Bewegung nach hinten zu kämmen, sodass er im absolut richtigen Moment aufstehen und sich verbeugen konnte.[114]

Tibor Kasics übte die Arbeit an der Schauspiel-Akademie mit Leidenschaft aus. Er fand darin eine Möglichkeit, seine über Jahre gesammelte Erfahrung an Generationen von zukünftigen Schauspielerinnen und Schauspielern weiterzugeben. Für viele war das grandios, sagt Christoph Marthaler: «Aber er war ein viel grösserer Musiker, als das, was er eigentlich gemacht hat.»

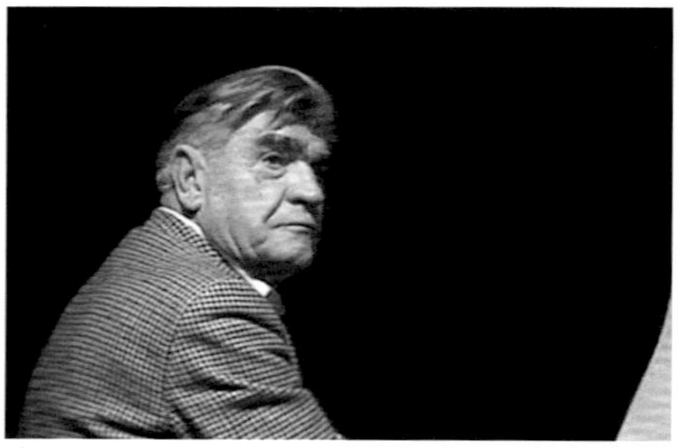

THEATERARBEITEN Um 1970 wurde Tibor Kasics vom Theaterdirektor Harry Buckwitz für einzelne Produktionen ans Schauspielhaus Zürich geholt. Kasics übernahm dabei die musikalische Leitung für Aufführungen wie Johann Nestroys *Freiheit in Krähwinkel* oder Brechts *Dreigroschenoper.* Bereits in den 1950er-Jahren hatte Tibor Kasics wieder am Schauspielhaus gearbeitet und zahlreiche Theatermusiken, unter anderem zu Schillers *Braut von Messina* und Calderons *Richter von Zalame*, geschrieben.

Die neue Zusammenarbeit mit dem Schauspielhaus war der Anfang seines Engagements für das Gegenwartstheater. Tibor Kasics profitierte dabei von der Erneuerung der Schweizer Theaterszene. Diese hatte sich in den 1950er- und 1960er-Jahren stark verändert. Neben Gründungen von Off-Ensembles wurden auch neue Orte für das Theater gewonnen. Es entstanden Klein- und Kellertheater, und bestehende Bühnen wurden mit experimentellen und zeitgenössischen Stücken bespielt.

In Zürich machte sich dieser frische Wind unter anderem beim *Theater am Neumarkt* und beim *Theater Kanton Zürich* bemerkbar. Das *Theater Kanton Zürich* war von Leuten um Reinhart Spörri gegründet worden. Es wollte das Theater dorthin bringen, wo das Publikum war, also in die Vororte, in Kleinstädte und aufs Land hinaus. Spörri verstand seine Wanderbühne immer als «Theater gegen den Strich», eine Auffassung, die Tibor Kasics' künstlerischem Anspruch durchaus entsprach.

Eine der frühen Produktionen war die von Paul Lohr für ein Kindertheater umgearbeitete Erzählung *Pinocchio.* Während der Proben kam die Idee einer musikalischen Begleitung auf. Regisseur Reinhart Spörri klopfte spontan bei Tibor Kasics an, und Lohr machte Bekanntschaft mit Kasics' Arbeitsweise:

> Eine Woche vor der Premiere ist Tibor Kasics in die Probe gekommen; mit einem Notenständer in der Hand, leeren Noten und einer Handorgel. Er hat zugeschaut und dann gefragt: «Ja, was willst du jetzt?» Darauf sagte ich: «Eine Musik als Überleitung zur nächsten Szene.» Darauf hat er ein paar Sachen gespielt und zwischendurch ein paar Notizen gemacht. Ich verstand überhaupt nicht, was er da tat. Dann ist er gegangen, und etwa fünf Tage später war das Mutterband fixfertig geschnitten bei mir. Handorgel, Gitarre und Klavier, alles selbst gemacht. Das war phänomenal! Es hat ganz genau gepasst – auch vom Timing her. Das ist so schnell gegangen, ich dachte, das kann ja gar nicht funktionieren. Er hatte ja nur ein paar Dinge hingekritzelt, ein paar Töne notiert. Aber er hatte das Wichtigste an dieser Probe sofort wahrgenommen und konnte es umsetzen. Vom Mutterband konnte man direkt Kopien für die Vorstellungen machen.[115]

Pinocchio war eine erfolgreiche Produktion, die vom Fernsehen aufgezeichnet und 1981 erneut in den Spielplan des *Theater Kanton Zürich* aufgenommen wurde.

Die frei gewordene Zeit seines rein theoretischen Ruhestandes nutzte Tibor Kasics, um jährlich mindestens eine Produktion dieses Theaters musikalisch zu begleiten. Seine Funktion beinhaltete je nach Aufführung die Komposition, das Proben und manchmal die musikalische Begleitung des Stücks. Spörri war angetan von Kasics, denn: «Musiker haben wir zuhauf – aber Musikanten haben wir ganz selten. Kasics ist einer gewesen.»[116] Dass Kasics das Singen vom Sprechen herleitete und nicht als etwas grundsätzlich anderes betrachtete, hat Spörri beeindruckt:

> Ich habe viel von ihm gelernt. Besonders, wie er Schauspieler vom Sprechen zum Singen gebracht hat. Kasics fragte immer: «Was willst du erzählen, wenn du singst? Wie würdest du es sagen, wenn du das jetzt nicht singen müsstest?» Die haben immer an den Tönen herumprobiert. Er wollte aber eine Mitteilung durchs Singen. Er war ein Grobpädagoge, hat aber immer Erstaunliches erreicht.[117]

Kasics' Musik war immer praxisbezogen. Was das bedeutete, ist Spörri bei einer Probe zu Max Frischs *Graf Oederland* klar geworden:

> Wir brauchten auf der Bühne einen Kontrabassisten, hatten aber nur einen Schauspieler, der allerdings hochmusikalisch war. Kasics hat also seine Musik komponiert und diesem Schauspieler gleich gezeigt, wie er das auf dem Instrument spielen muss – Note für Note. Dann hat er wieder gesagt, «ah, nein, so ist das einfacher für dich!», und hat es wieder umgeschrieben. Innerhalb von eineinhalb Stunden stand diese Musik, und der Schauspieler konnte sie spielen![118]

Das *Theater Kanton Zürich* produzierte viel beachtete Aufführungen. Neben den Klassikern Shakespeare oder Molière kamen auch Schweizer Theaterautoren wie Frisch oder Dürrenmatt auf die Bühne. Einen Grosserfolg konnte das Ensemble 1984 mit Paul Burkhards *Der schwarze Hecht* verbuchen. Der knapp 80-jährige Tibor Kasics instruierte für diese Operette nicht nur die Sängerinnen und Sänger, sondern begleitete auch über 50 Aufführungen in der ganzen Schweiz. Sue Mathys war fasziniert von seiner Aufmerksamkeit während all dieser Aufführungen:

> Auffallend war bei ihm, dass er immer mindestens 150 Prozent präsent war. Bei ihm hat man bei keiner Vorstellung gedacht: «Ach, heute ist der musikalische Leiter ein bisschen schlapp.» Selbst wenn er krank war. Da gab es gar keine halben Sachen. Ich hatte immer das Gefühl, wenn er sich ans Instrument setzte, das war, als ob man ein Stromkabel anschliesst. Das Klavier und er waren eine Einheit. Ich habe auch seine Art, Klavier zu spielen, als sehr orchestral empfunden. Ich hatte immer das Gefühl, Tibor Kasics spiele alle Instrumente, die im Orchester vorkommen, auf dem Klavier mit.[119]

Auch am *Theater am Neumarkt* war Tibor Kasics an denkwürdigen Aufführungen beteiligt. Unter der Direktion von Horst Zankl (1971–1975) wurde das *Theater am Neumarkt* zu einem Ort der Mitbestimmung: Gemäss damaligem linkem Zeitgeist erhielten alle Angestellten ein umfassendes Mitspracherecht, welches an Vollversammlungen zum Tragen kam. Katja Früh unterstreicht, dass dies für Tibor Kasics ideale Arbeitsbedingungen waren:

> Für uns Jugendliche war es sehr wichtig, dass Tibor wirklich ein Linker war, kein Salonlinker, sondern ein aufrechter Linker. Mein Vater änderte seine Haltung immer wieder, aber Tibor blieb dem Gedanken treu. Das war auch am Neumarkt ein Thema. Bei Zankl mussten wir nämlich immer nur bis um ein Uhr proben. Anschliessend hatten wir *Kapital*-Kurs. Das gefiel Tibor natürlich. Darum bewunderten wir Tibor mehr als Kurtli [Kurt Früh], der meinte, für einen Kommunisten sei nichts gut genug, worauf er in die Kronenhalle spazierte ...[120]

Inhaltlich orientierte sich das Theaterensemble an zeitgenössischen oder unbekannteren Stücken, an jungen Autoren wie Peter Handke und versuchte, einen starken Gegenwartsbezug herzustellen. Gegen Hör- und Sehgewohnheiten wollte man mit der Inszenierung von Operetten vorgehen, die zu dieser Zeit kaum mehr gespielt und kleinbürgerlichem Kulturgut zugerechnet wurden. Dass gerade ein linkes Theater eine Operette in den Spielplan aufnahm, war für damalige Verhältnisse eine Sensation. Max Rüeger erinnert sich an die Aufführung von Fred Raymonds Operette *Saison in Salzburg*, deren Premiere am 11. Oktober 1972 stattfand:

> Die haben dort etwas Geniales gemacht. Sie haben diese Operette, die eigentlich ein unsäglicher Mist ist – allerdings musikalisch ganz reizvoll und sehr populär –, auf der Bühne absolut ernst genommen. Keine Spur von Parodie, keine Spur von Sich-lustig-Machen, sondern völlig ernsthaft. Und gerade dadurch ist das zu einer unglaublichen Parodie geworden![121]

Saison in Salzburg wurde mit 36 Vorstellungen zum weitaus erfolgreichsten Stück der Saison. Auf Zankl folgte Luis Bolliger, der für die Produktion *Schöne Zeiten – Krisenzeiten* vom Winter 1975/76 Tibor Kasics erneut engagierte.

Dies mit gutem Grund: Für die Zusammenstellung von Liedern und Chansons aus den 1930er-Jahren agierte Tibor Kasics nicht nur als Musiker, sondern auch als Botschafter aus einer vergangenen Zeit. Wie an der Schauspiel-Akademie war er der Einzige, der alles noch im Original gekannt hatte und entsprechend vermitteln konnte.

BEWUNDERUNG UND ABSCHIED «Ich bin auch sehr rabiat gewesen, muss man sagen, das ist mein Temperament, und eben auch unerbittlich.»[122] Was Tibor Kasics hier in einem späten Interview über sich selbst äussert, können seine Familienangehörigen bestätigen. Kaspar Kasics sieht aber auch das Gegenteil:

> Mein Vater war eine sehr starke Persönlichkeit mit einer grossen Ausstrahlung, mit einer grossen Kraft, Leute zu gewinnen, aber auch, sie vor den Kopf zu stossen. Das gehört zusammen. Er konnte sich sehr gut auf Leute einlassen, genauso gut, wie er sie eben auch von sich weisen konnte. Die Anziehung war ebenso stark wie die radikale Abgrenzung. Insofern kann man sagen: eine widersprüchliche Persönlichkeit. Aber ich glaube, das ist ein Widerspruch, der aus ein und derselben Quelle kommt.[123]

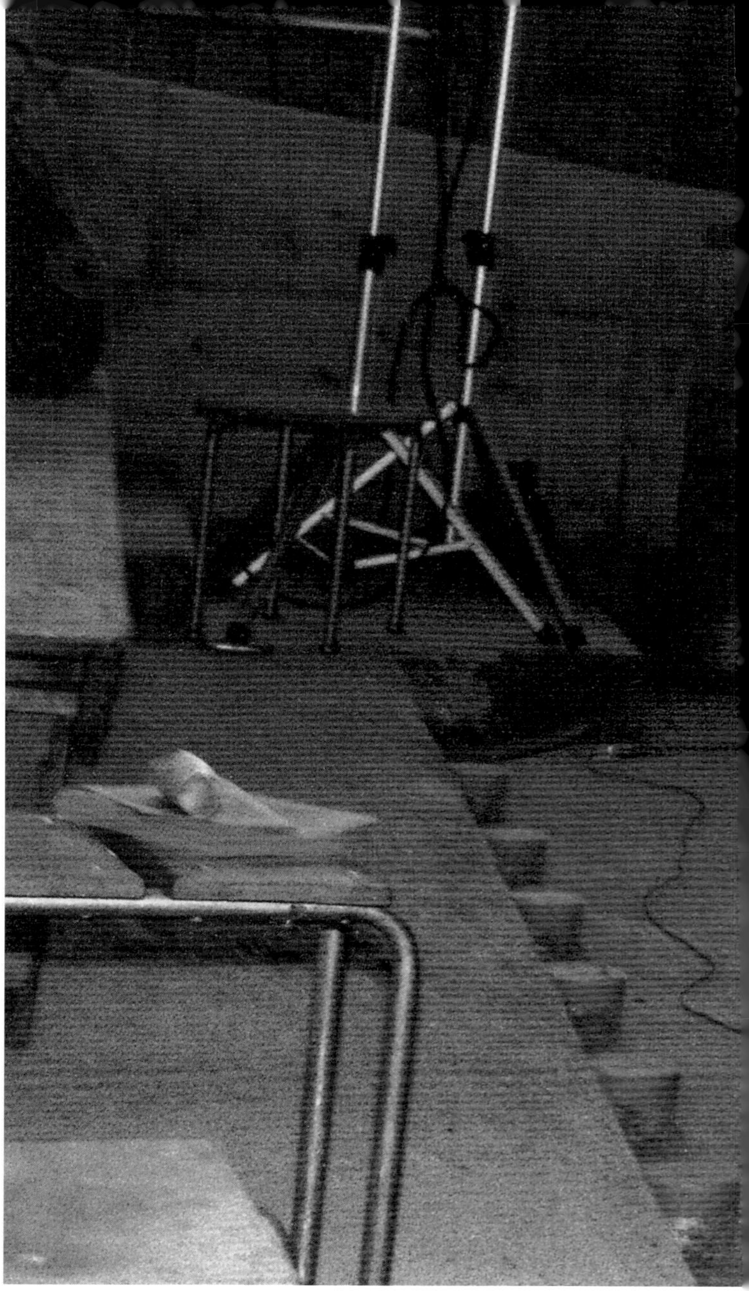

Angesichts der brummigen Art spricht auch Ulla Kasics von der versteckten, grossen Sensibilität ihres Mannes, von einer harten Schale mit weichem Kern. Und auch der ältere Sohn Mischa Kasics sieht im manchmal aufbrausenden, brüskierenden Temperament des Vaters eine Reaktion darauf, dass er sich als Musiker nicht genügend geschätzt gefühlt habe.

Tibor Kasics' heftige, direkte Art war gleichzeitig seine Stärke und seine Schwäche. Zum einen machte sie ihn zu einem ehrlichen Gegenüber, bei dem man wusste, woran man war. Zum anderen aber hinderte sie ihn daran, taktisch zu denken oder gar zu handeln. Wenn ihm etwas nicht passte, sagte er es, und wenn er jemanden nicht mochte, liess er ihn dies fühlen, auch wenn es der Direktor eines Stadttheaters war. Dies mag mit ein Grund dafür sein, dass Tibor Kasics

58
Der Mann von la Mancha, Probenarbeit mit dem *Theater Kanton Zürich*, 1979.

nirgends eine gradlinige Karriere machen konnte. Fast noch gravierender war eine Konsequenz, auf die Sohn Mischa hinweist: Kasics' undiplomatischer Stil konnte leicht als Arroganz ausgelegt werden. Damit lud er natürlich nicht zu anerkennenden Äusserungen ein, obwohl gerade sie für ihn sehr wichtig gewesen wären. Man musste ihn schon einigermassen kennen, um, wie Katja Früh, mit seiner Art zurechtzukommen:

> Wir haben seine Ruppigkeit akzeptiert, weil er ein irrsinniges Charisma hatte, weil er so liebenswürdig war – nein, das ist das falsche Wort: Er war so echt, er hat nicht gespielt, und er hat nicht angegeben. Tibor war so authentisch er selbst – das konnte unangenehm sein. Aber wenn es authentisch ist, ist auch Autorität etwas Gutes. Bei Tibor war das einfach so, wie ein Stuhl ein Stuhl ist und ein Tisch ein Tisch.[124]

Radio, Schauspiel-Akademie und Theater brachten der musikalischen Professionalität von Tibor Kasics grossen Respekt entgegen. Harry Buckwitz nannte den 70-Jährigen in einem Gratulationsschreiben einen «physischen und musischen Glücksfall»,[125] und Felix Rellstab schrieb zum 80. Geburtstag über den Lehrer für Gesang und Chanson:

> Schwung, das ist ein Stichwort, Swing gleich das nächste, und Elan und «élan vital» wären die übernächsten. Ja, zugegeben, auch Deine traumwandlerische Musikalität – wenn Du die Notenblätter nicht findest und dennoch bestimmend begleitest – bewundern wir und Deine Einfühlsamkeit – der fast unmerklich angeschlagene Leitton, mit dem Du die Unsicheren lenkst wie mit Geisterhand! Und zugegeben auch, Deine unerschöpflichen musikalischen Kenntnisse sind uns ein Rätsel – wo hast Du all die Couplets, Chansons, Songs, Arien und Arietten, Chöre und Schnulzen, Gassenhauer und Moritaten, die Schlummer-, Matrosen- und Liebeslieder aufgespeichert? Ja, diese Fähigkeiten bewundern wir alle über die Massen. Auch Dein beruflicher Ernst, Deine manchmal bärbeissige Härte und Deine métiergewandte Pfiffigkeit beeindrucken uns. Aber eben – dies alles entbehrt des Glanzes, des Einmalig-Unnachahmlichen ohne Deinen Swing, Deinen Schwung, Deinen Lebenselan, der aus der Tiefe Deiner Persönlichkeit kommt. Dich ganz ergreift und hinreisst, ausstrahlt und uns ansteckt und mitträgt. Bleibe dieser Elan Dir und uns noch lange erhalten![126]

In einem Radiointerview anlässlich seines 80. Geburtstags meinte Tibor Kasics mit einem Augenzwinkern: «Ich muss sagen, ich habe selbst Mühe mit den 80 Jahren. Es stimmt vielleicht etwas nicht mit meinem Pass.»[127] Doch so gross sein Elan auch war, so erstaunlich offen er jungen Menschen noch begegnete, der 80. Geburtstag war ein Einschnitt in Tibor Kasics' Leben. Er musste kurz darauf mit einer rätselhaften Stoffwechselstörung ins Spital eingeliefert werden. Kaspar Kasics fing an, ihn täglich im Spital zu besuchen. Er hatte realisiert, dass er fast nichts über seinen Vater wusste, da dieser nur wenig von seinem Leben vor der Familiengründung erzählt hatte. Als jüngerer Sohn war er zudem in Schwierigkeiten mit dem Vater geraten, vielleicht weil er diesen zu sehr an sich selbst und seine mangelnde Zielstrebigkeit erinnerte. Als Kaspar Kasics beim ersten Besuch im Spital nach einem Detail aus Tibors Vergangenheit fragte, antwortete dieser zuerst, wie es seine Art war: brummig und widerstrebend. Doch schon beim nächsten Besuch freute er sich. Und schliesslich erwartete er den Sohn mit Ungeduld, weil er die «Bekenntnisse einer schönen Seele», wie er die Gespräche nannte, dringend fortsetzen wollte. Als Tibor Kasics aus dem Spital wieder nach Hause kam, war etwas von seiner harten Schale zerbrochen.

In den letzten beiden Jahren seines Lebens war Tibor Kasics fast genauso aktiv wie früher. Mit Lust und Engagement komponierte er für das *Theater Kanton Zürich,* unterrichtete die Schülerinnen und Schüler seiner Frau und lehrte an der Schauspiel-Akademie. Angesichts des hektischen Lebens seiner Frau, für die er zu Hause ab und an Telefondienst machte, meinte er schmunzelnd, er sei jetzt nur noch «Prinzgemahl».

59
Tibor Kasics, 1982.

Im Frühjahr 1986 erlitt Tibor Kasics einen leichten Schlaganfall, von dem er sich rasch erholte. Er konnte aber nicht mehr mühelos aufrecht gehen, und sein Gedächtnis fing an, ihn hin und wieder im Stich zu lassen. Als er merkte, dass seine geistigen und körperlichen Kräfte nicht mehr vollständig zurückkehrten, geschah etwas Ungewöhnliches: Er verwendete die ungeheure Energie, mit der er bis ins hohe Alter die Dinge des Lebens angepackt hatte, für den kommenden Tod. Über fünf Wochen hinweg legte Tibor Kasics Tag für Tag ein Stück seines Lebens ab. Angefangen beim Spiegel, den er eines Tages nicht mehr lesen mochte, bis hin zur Erdbeere, die er verächtlich wegwarf, weil sie «nach Leben» roch. Er brauchte die Zeitung nicht mehr, das Geld und auch die Zigaretten nicht, ohne die er früher nicht hätte leben können. Der Fernseher langweilte ihn, und die Uhr wollte er nicht mehr reparieren lassen. Seine Spaziergänge wurden immer kürzer, zuerst noch in den Wald, dann nur noch um den Häuserblock. Bis zwei Wochen vor seinem Tod unterrichtete er an der Schauspiel-Akademie, die letzte Stunde aber liess er ausfallen, eine unerwartete und grosszügige Geste gegenüber sich selbst. Die letzten Tage seines Lebens blieb Tibor Kasics im Haus, dann in seinem Arbeitszimmer, schliesslich zog er sich ins eheliche Bett zurück. Am Morgen des 3. Juli starb er in Anwesenheit seiner Frau und seiner beiden Söhne. Es war kein Zufall, dass er so lange lebte, bis auch Mischa Kasics eintraf. So schloss sich der innerste Kreis, in dem Tibor Kasics sich glücklich gefühlt und aus dem er über 30 Jahre lang gewirkt hatte.

ZUR MUSIK VON TIBOR KASICS

Daniel Fueter
ist Musiker und Rektor der Hochschule
Musik und Theater Zürich.

Musik ist eine flüchtige Kunst. Tondokumente sind Momentaufnahmen, die sich als Erinnerungen dem Entschwinden entgegenstellen. Ein eigentliches Vermächtnis sind die Partituren, die einer Erweckung harren.

Tibor Kasics' Skizzen verraten den raschen Arbeiter, verraten den Handwerker, der sein Metier kennt. Schwung liegt in ihnen, der Sog der Erfindungsgabe wird deutlich und auch der Mut für heftige Entscheide: Das Durchstreichen erfolgt energisch, die formale Umdisposition durch markante Verweise. Die Reinschriften dagegen sind von routinierter Eleganz, manchmal beinahe zierlich. Tibor Kasics hat viel geschrieben und die Interpretinnen und Interpreten respektiert. Die Partiturseiten sind schön anzusehen, die Darstellung ist deutlich, die Schrift flüssig. Die Liedtexte sind exakt unter die Noten gesetzt.

Die meisten seiner Musiken haben mit Text zu tun. Das Chanson, der Song stehen im Zentrum. Aus dem Text erwachsen die melodischen Fantasien. Die Deklamationsregeln werden strikt beachtet, das Singen ist auf Verständlichkeit angelegt, das musikalische Profil unterstützt den Sprachwitz. Der melodische Gestus hat theatralische Qualität.

Kein Wunder: Tibor Kasics war Theatermusiker mit Leib und Seele. Wer ihn spielen sah, vergass nie seine Präsenz. Die Schauspieler konnten sich auf seine Kritik verlassen – nicht nur im musikalischen Bereich. Und natürlich auf seine Flexibilität: Keine Tonart war zu entlegen, um sie der Tessitur der jeweiligen Stimme wegen nicht aufsuchen zu können. Wer die ersten Interpreten seiner Lieder kennt, wird unschwer aus den Noten heraushören, wie genau er sich der Stimmen, der Eigenart der Ausführenden, ihrer musikalischen Stärken und Schwächen beim Verfassen der Musik bewusst war.

Dieses Gespür für das Theater, für die Theaterleute, die sich musikalisch ausdrücken wollen, atmet jeder Takt der Musik von Tibor Kasics. Ebenso eklatant ist sein Sinn für Dramaturgie: Die kleinen Chansons sind ebenso stimmig gebaut wie das grosse Oratorium *Jemand*.

Wie alle Theatermenschen liebte Tibor Kasics die Maske. Bei ihm war sie musikalischer Natur. In seiner Musik ist er ein Verwandlungskünstler. Das Idiom des Berliner Schlagers der 1920er-Jahre ist ihm so vertraut wie der Jazz, die Chorsätze in der Art Weills und Eislers fallen ihm ebenso leicht wie der musikalische Wiener Dialekt oder der französische Musette-Walzer. Damit wird seine Musik auch zum Spiegel der Musik seiner Zeit, legt sie Zeugnis ab von der Vielfalt der Richtungen und Stile. Interesse am so genannten Personalstil hatte er offensichtlich nicht. Seine persönliche Qualität war die Fähigkeit zum musikalischen Maskenspiel.

Und doch gibt es Charakteristika, die unverwechselbar sind. Einmal ist da der genuine Melodiker. Seine melodischen Einfälle sind prägnant. Das «Cantabile» ist bei aller Textgebundenheit immer gewahrt. Das Singen – er selbst hatte eine schöne Stimme – ist von Kind auf der Ursprung seiner Musik gewesen. Gleichzeitig ist ein unbezähmbares Temperament im Rhythmischen spürbar. Die Musik ist immer am Tanzen, auch in den lyrischen Abschnitten. Vitalität und Verbindlichkeit sind die Kennzeichen. Und endlich verrät der Umgang mit dem Klavier den ausgezeichneten Pianisten. Die Klaviersätze klingen farbig, durchsichtig, sind manchmal nicht leicht, aber immer gut zu spielen. Tibor Kasics war auf dem Instrument wahrhaft zu Hause.

Alle, die mit Tibor Kasics aufgetreten sind, rühmen die Deutlichkeit seines Spiels, die Energie, die ihnen aus seiner Begleitung zukam. Er stellte sich in den Dienst der gemeinsamen Sache. Der solistische Auftritt war ihm fremd. Er wollte gebraucht werden. Seine Musik ist im besten Sinn Gebrauchsmusik. Sie macht sich nützlich, sie ist fürs Hier und Jetzt bestimmt.

Was soll über diesen Praktiker, über einen Zeitgenossen im Wortsinn, aus der zeitlichen Distanz heraus lange theoretisiert werden. Wir geben unserer Bewunderung für einen Musiker Ausdruck, der – obwohl in seiner Ausprägung einzigartig – auch für einen Typus steht, den es heute selten mehr gibt: den umfassend ausgebildeten, auf der Tradition fussenden Musiker, der sich den Einflüssen seiner Zeit neugierig öffnet, auf das Tagesgeschehen reagiert und sein Wissen und Können gleichsam dem Alltag widmet. Diese Verbundenheit mit der sie umgebenden Gegenwart hat wohl gerade der Musik Tibor Kasics' ihre Frische über den aktuellen Anlass hinaus für die Zukunft gewahrt – es lohnt sich, sie immer wieder neu zu entdecken.

ANHANG

ZEITTAFEL

1881 Ilona Durigo wird am 13. Mai in Budapest geboren.

1903 Ilona Durigo und Dr. Ozman Kasics heiraten am 29. Juli.

1904 Tibor Kasics wird am 28. Dezember in Budapest geboren.

1906 Tibors Schwester Ilonka wird am 12. Februar in Budapest geboren.

1907 Ilona Durigo beginnt, in ganz Europa als Oratorien- und Liedersängerin aufzutreten.

1915 Ozman Kasics wird im Ersten Weltkrieg eingezogen und gerät in Kriegsgefangenschaft.

1919 Ilona Durigo emigriert mit Tibor und seiner Schwester Ilonka in die Schweiz (St. Gallen). Tibor Kasics im Internat Land-Erziehungsheim Hof-Oberkirch, Kaltbrunn (St. Gallen).

1920 Ilona Durigo wird Professorin für Gesang am Konservatorium Zürich.

1921 Die Familie Kasics-Durigo zieht nach Zürich, Tibor verlässt das Internat. Rückkehr Ozman Kasics' aus Sibirien (1922 – 1937 Lehrtätigkeit am Konservatorium Zürich).

1923 Tibor Kasics an der Zürcher Privatschule Tschulok, Matura. Studienbeginn am Konservatorium Zürich (Klavier und Gesang).

1924 Studium an der Musikakademie Wien.

1925 Tibor Kasics an der Staatlich Akademischen Hochschule für Musik in Berlin (Klavier und Gesang). Wohnsitz in Berlin bis 1932. Bis 1943 Auftritte mit Ilona Durigo als Pianist und Sänger in ganz Europa.

1927 Studienbeginn an der Kapellmeisterschule Köln.

1928 Erste Bemühungen als Unterhaltungsmusiker («Musik-Proletarier»).

1929 Auftritte mit Meyer-Hanno als *Big and Doug* und den *Tibor Blue Boys.* Tibor Kasics gründet mit Walter Finck und Hans Meyer-Hanno das Kabarett *Die Katakombe.*

1932 Kompositionen für dokumentarische Tonfilme. Komposition *Fridolin en route* für das *Tanztheater Trudi Schoop.* Rückkehr nach Zürich und Engagement als Hauskomponist und musikalischer Leiter am Schauspielhaus Zürich (bis 1935).

1935 Gründung der *Singvreneli.* Musikalischer Leiter im *Cabaret Cornichon* (bis 1939).

1937 Rückkehr von Ilona Durigo und Ozman Kasics nach Budapest.

1938 Uraufführung des Chorwerks *Jemand* in Zürich am 10. März; Buch: Hans Sahl; Musik: Tibor Kasics; Holzschnitte: Frans Masereel.

1939 Operettendirigent am Zürcher Stadttheater (bis 1942). Engagements für die Schweizerische Landesausstellung (Komponist, Pianist und Gesangslehrer).

1940 Tibor Kasics erhält die schweizerische Staatsbürgerschaft.

1941 Gründung des Vokal-Ensembles *Die drei Babettes.*

1942 Kapellmeister am Stadttheater Basel.

1943 Ilona Durigo stirbt am 25. Dezember in Budapest. Mitarbeit von Tibor Kasics beim *Cabaret Kaktus.*

1945 Komposition *Vorwärts in eine neue Welt!* im Auftrag der Partei der Arbeit Zürich.

1946 Kapellmeister und Korrepetitor am Stadttheater Bern (bis 1951). *Casino-Radio-Orchester Tibor Kasics* am Radio Bern.

1947 Komposition der Operettenmusik zu *Charley's Tante,* Stadttheater Zürich.

1950 Bekanntschaft mit der Tänzerin Ulla Krause. Komposition für *Die Launen der Dona Belisa,* Schlossparktheater Berlin; Regie: Leonard Steckel. Suche nach Arbeitsmöglichkeiten in Ost-Berlin. Chanson-Kompositionen für das *Cabaret Federal.*

1951 Heirat mit der Tänzerin Ulla Krause am 22. Februar. Deutschland-Tournee mit dem Kabarettistenduo Voli Geiler/Walter Morath. Geburt des Sohns Mischa am 12. Juni in Bern.

1952 Tournee mit Geiler/Morath nach München und Wien. Geburt des Sohns Kaspar am 5. August in Interlaken. Engagements als Barpianist.

1954 Kauf eines Hauses an der Englischviertelstrasse in Zürich. Ulla Kasics eröffnet ein Tanz- und Gymnastikstudio.

1955 Kompositionen für das Kabarett *Kleine Freiheit,* München. Komposition des Radio-Musicals *Nous irons à Oerlikon.*

1956 Komposition des Radio-Musicals *Das verlorene Lied.* Anstellung beim Radiostudio Zürich im Ressort Unterhaltung (bis 1976). Gründung des Radio-Gesangsensembles *Limmatfalter.* Kompositionen für Hörspiele.

1958 Musik für die Werbefilme *Golden Pass, Sonnige Tage* und *Fahrt ins Glück.*

1959 Ehrengabe der Stadt Zürich für «Komposition im Bereich Bühnenmusik».

1960 Tibor Kasics wird Lehrer für Chanson und Musical an der Schauspiel-Akademie Zürich (bis 1986).

1964 Komposition für die Werbedokumentation der schweizerischen Holzindustrie, Expo '64.

1965 Musik für Fernsehwerbespots, u. a. für Coop Kaffee, Balenciaga, Blue Pearls.

1967 Musik für den Fernsehwerbespot *Ernst-Teigwaren* (Ausstrahlung bis 1987).

1969 Theatermusik für *Freiheit in Krähwinkel* von Johann Nestroy, Schauspielhaus Zürich.

1970 Komposition der Filmmusik zu *Dällenbach Kari* von Kurt Früh.

1972 Beginn der Zusammenarbeit mit dem *Theater Kanton Zürich.* Musikalische Leitung der Operette *Saison in Salzburg* von Fred Raymund, Theater am Neumarkt. Musikalische Leitung der *Dreigroschenoper* von Bertolt Brecht, Schauspielhaus Zürich; Regie: Harry Buckwitz.

1975 Musikalische Leitung und Begleitung von *Der Schwarze Hecht,* Stadttheater Chur.

1979 Musikalische Leitung von *Der Mann von La Mancha* von Dale Wassermann, *Theater Kanton Zürich.*

1984 Tibor Kasics wird 80-jährig, diverse Ehrungen. Musik für den Film *Schlangenzauber* von Isa Hesse-Rabinovitch. Musikalische Leitung von *Der Schwarze Hecht,* Theater Kanton Zürich; Regie: Reinhart Spörri.

1985 Theatermusik für *Orpheus* von Hansjörg Schneider, Schauspiel-Akademie Zürich.

1986 Tibor Kasics stirbt am 3. Juli in Zürich.

ANMERKUNGEN

[1] Liliana Heimberg in einem Gespräch mit Kathrin Siegfried, Dezember 2003.
[2] Interview Peter Keller und Kathrin Siegfried mit Paul Lohr, 27. 5. 2004.
[3] Interview Kathrin Siegfried mit Kaspar Kasics, 2. 6. 2004.
[4] Brief von Tibor Kasics an Ilona Durigo, 27. 2. 1918.
[5] Brief von Tibor und Ilonka Kasics an Ilona Durigo, 1. 12. 1918.
[6] Hier und im Folgenden vgl. Interview mit Tibor Kasics: Musik ist ihr Leben. Radio DRS, 26. 3. 1968.
[7] Vgl. Brief von Tibor Kasics an Ilona Durigo, 4. 3. 1918.
[8] Brief von Tibor Kasics an Ilona Durigo, 14. 9. 1919.
[9] Brief von Tibor Kasics an Ilona Durigo, Oktober 1919.
[10] Brief von Tibor Kasics an Ilona Durigo, 1. 2. 1925.
[11] Brief von Tibor Kasics an Ilona Durigo, 24. 2. 1928.
[12] Karussell. SF DRS, 28. 12. 1984.
[13] Brief von Tibor Kasics an Ilona Durigo, 13. 1. 1928.
[14] Album: *Tibor Blue Boys*.
[15] Wegen der ungenauen Quellenlage konnten weder die vollständigen Namen noch die genaue Instrumentierung der *Tibor Blue Boys* eruiert werden.
[16] Vgl. Schröder, Heribert: Tanz- und Unterhaltungsmusik in Deutschland, 1918–1933. Bonn 1990.
[17] Vgl. Lareau, Alan Hartland: An unhappy love. The struggle for a literary cabaret in Berlin, 1919–1935. Michigan 1990.
[18] Das Goldene Buch der *Katakombe*.
[19] Brief [Absender unbekannt] an Georg Schwarz, 19. 3. 1930.
[20] Literarische Welt, 9. 12. 1929.
[21] Musik ist ihr Leben. Radio DRS, 26. 3. 1968.
[22] Brief von Tibor Kasics an Ilona Durigo, 4. 2. 1930.
[23] Magnettonband. Nachlass Tibor Kasics.
[24] Brief von Ozman Kasics an Tibor Kasics, 26. 9. 1931.
[25] Brief von Ozman Kasics an Tibor Kasics, 15. 2. 1932; Brief von Tibor Kasics an Ilona Durigo, 15. 6. 1932.
[26] Vgl. dazu Nachruf auf Péter Kasics. In: Budai Hirlap, 8. 2. 1914.
[27] Brief von Ozman Kasics an Tibor Kasics, 25. 4. 1921.
[28] Brief von Ozman Kasics an Tibor Kasics, 30. 6. 1928.
[29] Brief von Ilona Durigo an Tibor Kasics, 16. 3. 1918.
[30] Ebd.
[31] Brief von Tibor Kasics an Ilona Durigo, 6. 11. 1919.
[32] Gespräch von Cornel Doswald mit Tibor Kasics [o. D.]. Cabaret-, Chanson- und Pantomimenarchiv Thun: Signatur: Kk 121.
[33] Brief von Tibor Kasics an Ozman Kasics, [o. D.].
[34] Brief von Tibor Kasics an Ilona Durigo, 25. 9. 1924.
[35] Brief von Ozman Kasics an Tibor Kasics, 26. 9. 1931.
[36] Brief von Ozman Kasics an Tibor Kasics, 15. 2. 1932.
[37] Brief von Tibor Kasics an Ilona Durigo, 6. 11. 1928.
[38] Interview Kathrin Siegfried mit Kaspar Kasics, 2. 6. 2004.
[39] Kasics, Tibor: Ein Leben in Stichworten.
[40] Brief von Margrit Liehborg an Tibor Kasics, 2. 2. 1932.
[41] Brief des Sekretariats der PdA Zürich an Tibor Kasics, 5. 5. 1945.
[42] Interview Kaspar Kasics mit Ruth Häusler-Guggenheim, Juli 2004.
[43] Gespräch von Cornel Doswald mit Tibor Kasics [o. D.].
[44] Lenz, Max Werner; Lesch, Walter: Cornichons. Elgg [o. D.]. 110.
[45] Weissert, Otto (Hg.): Das Cornichon-Buch, 1934–44. Basel 1945. 80.
[46] Vgl. Gespräch von Cornel Doswald mit Tibor Kasics, [o. D.].
[47] Ebd.
[48] Für Angaben zum Schweizer Film vgl.: Dumont, Hervé: Geschichte des Schweizer Films. Spielfilme 1896–1965. Schweizer Filmarchiv/ Cinémathèque suisse (Hg.). Lausanne 1987.
[49] Weder Filme noch Tonaufnahmen konnten bisher aufgefunden werden. Im Nachlass Tibor Kasics' befinden sich Drehbücher und Partituren.
[50] Kasics, Tibor: Ein Leben in Stichworten.
[51] Brief von Tibor Kasics an Ilona Durigo, 28. 11. 1924.
[52] Brief von Tibor Kasics an Ilona Durigo, 6. 11. 1919.
[53] Brief von Tibor Kasics an Ilona Durigo, 28. 11. 1924.
[54] Brief von Tibor Kasics an Ilona Durigo, 26. 10. 1924.
[55] Vgl. Werbeflyer. Nachlass Tibor Kasics.
[56] Brief von Tibor Kasics an Ilona Durigo, 17. 12. 1938.
[57] Zuppinger, Mabel: Das Modetheater. In: Schweizerische Landesausstellung 1939 Zürich (Hg.): Die Schweiz im Spiegel der Landesausstellung. Bd. 2. Zürich 1940. 573.
[58] Vgl. Sahl, Hans: Jemand. Ein Chorwerk. Gregor Ackermann; Momme Brodersen (Hg.). Berlin 2003.
[59] Ebd. 58.
[60] Mann, Klaus: Passion eines Menschen. In: Das Neue Tage-Buch, 9. 4. 1938. 357f. Zit. nach: Sahl, Hans: Jemand. Ein Chorwerk. Gregor Ackermann; Momme Brodersen (Hg.). Berlin 2003.
[61] Tages-Anzeiger, 14. 3. 1938. Zit. nach: Sahl, Hans: Jemand.
[62] Porträt Tibor Kasics'. Zum 80. Geburtstag am 29. 12. 1984. Radiosendung *Moderato* mit Elisabeth Schnell.
[63] Gespräch von Cornel Doswald mit Tibor Kasics, [o. D.].
[64] Radio-Zeitung, Nr. 12 (1936).
[65] Vgl. im Folgenden das Einbürgerungs-Dossier Tibor Kasics. Schweizerisches Bundesarchiv Bern: Signatur: E4264 (-) 1989/146. Band 98. Dossier K4424); dazu auch: Hammer, Stephan: Prominente Flüchtlinge im Schweizer Exil. Bundesamt für Flüchtlinge (Hg.). Bern 2003. 131f.
[66] Interner Bericht der Eidgenössischen Fremdenpolizei, von Reding zu Handen Rothmund, 17. 3. 1939. Schweizerisches Bundesarchiv Bern: Einbürgerungs-Dossier Tibor Kasics.
[67] Ebd.

[68] Brief von Ulrich Binder an die Polizei-Abteilung des EJPD, 22. 3. 1939. Schweizerisches Bundesarchiv Bern: Einbürgerungs-Dossier Tibor Kasics.
[69] Brief von Tibor Kasics an Ulla Krause, 1. 10. 1950.
[70] Brief von Tibor Kasics an Ulla Krause, 2. 10. 1950.
[71] Musik ist ihr Leben, Radio DRS, 26. 3. 1968.
[72] Schuh, Willi: Ilona Durigo zum Gedächtnis. In: Schweizerische Musikzeitung, 1. 2. 1944.
[73] Brief von Tibor Kasics an Ilona Durigo, 26. 10. 1924.
[74] Liederabend Durigo, [Zeitung unbekannt], 4. 10. 1927.
[75] Brief von Tibor Kasics an seine Eltern, 6. 3. 1926.
[76] Brief von Tibor Kasics an Ilona Durigo, 24. 2. 1928.
[77] Brief von Ilona Durigo an Tibor Kasics, 21. 1. 1929.
[78] Brief von Ozman Kasics an Tibor Kasics, 26. 9. 1931.
[79] Gespräch von Cornel Doswald mit Tibor Kasics, [o. D.].
[80] Brief von Tibor Kasics an Ilona Durigo, 21. 2. 1940.
[81] Interview Kaspar Kasics mit Mary Delpi, 15. 7. 2004.
[82] Ebd.
[83] Interview Kaspar Kasics mit Elvira Schalcher, Juli 2004.
[84] Ebd.
[85] Die Tat, 3. 1. 1948.
[86] Briefe von Tibor Kasics an Ulla Krause, 21. 9. 1950, 23. 9. 1950.
[87] Interview Peter Keller mit Margrit Läubli und César Keiser, 25. 6. 2004.
[88] Artikel aus unbekannter Zeitschrift.
[89] Interview, Magnettonband, 1984.
[90] Brief von Tibor Kasics an Ulla Kasics, 10. 9. 1952.
[91] Brief von Tibor Kasics an Ulla Kasics, 12. 9. 1952.
[92] Brief von Tibor Kasics an Ulla Kasics, 3. 3. 1952.
[93] Tages-Anzeiger o. D., 1957. Nachlass Tibor Kasics.
[94] Interview Peter Keller mit Max Rüeger, 28. 6. 2004.
[95] Ebd.
[96] Weber, Paul: Das Deutschschweizer Hörspiel. Bern 1995. 326.
[97] Vgl. das Typoskript im Nachlass Tibor Kasics.
[98] Interview Kaspar Kasics mit Verena Billeter-Guggenheim, Juli 2004.
[99] Interview Peter Keller mit Max Rüeger, 28. 6. 2004.
[100] Interview Kaspar Kasics mit Katja Früh, 11. 7. 2004.
[101] Interview Kathrin Siegfried mit Mischa Kasics, 15. 6. 2004.
[102] Pop, 27. 5. 1968.
[103] Fahrt ins Glück, Burlet-Film 1958; Sonnige Tage, Burlet-Film 1958, Golden Pass, Condor-Film 1958.
[104] Vgl. Bochsler, Regula; Derungs, Pascal (Hg.): Und führe uns in Versuchung. 100 Jahre Werbefilm. Zürich 1998.
[105] Musik ist ihr Leben. Radio DRS, 26. 3. 1968.
[106] Magnettonband. Nachlass Tibor Kasics.
[107] Keller, Verena; Rellstab, Felix; Genossenschaft Schauspiel-Akademie Zürich (Hg.): 50 Jahre Schauspiel-Akademie Zürich. Festschrift zum 50jährigen Jubiläum der Schauspiel-Akademie Zürich (SAZ). Zürich [ca. 1987]. 151.
[108] Interview Kaspar Kasics mit Katja Früh, 11. 7. 2004.
[109] Interview Kaspar Kasics mit Christoph Marthaler, 5. 9. 2004.
[110] Ebd.
[111] Interview Kathrin Siegfried mit René Ander-Huber am 2. 7. 2004.
[112] Interview Kathrin Siegfried mit Sue Mathys, 2. 7. 2004.
[113] Ebd.
[114] Interview Kaspar Kasics mit Ueli Jäggi, 5. 9. 2004.
[115] Interview Peter Keller und Kathrin Siegfried mit Paul Lohr, 27. 5. 2004.
[116] Interview Peter Keller mit Reinhart Spörri, 24. 6. 2004.
[117] Ebd.
[118] Ebd.
[119] Interview Kathrin Siegfried mit Sue Mathys, 2. 7. 2004.
[120] Interview Kaspar Kasics mit Katja Früh, 11. 7. 2004.
[121] Interview Peter Keller mit Max Rüeger, 28. 6. 2004.
[122] Gespräch von Cornel Doswald mit Tibor Kasics [o. D.].
[123] Interview Kathrin Siegfried mit Kaspar Kasics, 2. 6. 2004.
[124] Interview Kaspar Kasics mit Katja Früh, 11. 7. 2004.
[125] Brief von Harry Buckwitz an Tibor Kasics, 4. 1. 1975.
[126] Rellstab, Felix: Tibor Kasics zum Achtzigsten! In: Zeitung der Schauspiel-Akademie, 14. 1. 1985.
[127] Porträt Tibor Kasics'. Zum 80. Geburtstag am 28. 12. 1984. Radiosendung *Moderato* mit Elisabeth Schnell.

LITERATUR

Alle ungedruckten und gedruckten Quellen stammen, soweit in den Fussnoten nicht anders angegeben, aus dem Nachlass Tibor Kasics im Privat-Archiv Ulla Kasics, Zürich.

Amstutz, Hans; Käser-Leisibach, Ursula; Stern, Martin: Schweizertheater. Drama und Bühne der Deutschschweiz bis Frisch und Dürrenmatt, 1930–1950. Theatrum Helveticum 6, Andreas Kotte (Hg.). Zürich 2000.

Attenhofer, Elsie: Cornichon. Erinnerungen an ein Cabaret. Bern 1975.

Bleier, Genia: Ursula Kasics – ehemalige Dresdnerin. In: Tanz und Gymnastik 49 (1993/4), 17–22.

Bochsler, Regula; Derungs, Pascal (Hg.): Und führe uns in Versuchung. 100 Jahre Werbefilm. Zürich 1998.

Bundesamt für Flüchtlinge (Hg.): Prominente Flüchtlinge im Schweizer Exil. Mit einer Einleitung von Peter von Matt. Bern 2003.

Drack, Markus T. (Hg.): Radio und Fernsehen in der Schweiz. Geschichte der Schweizerischen Rundspruchgesellschaft SRG bis 1958. Baden 2000.

Dumont, Hervé: Geschichte des Schweizer Films. Spielfilme 1896–1965. Schweizer Filmarchiv/Cinémathèque suisse (Hg.). Lausanne 1987.

Finck, Werner: Witz als Schicksal. Schicksal als Witz. Klaus Budzinski (Hg.). Hamburg 1966.

Früh, Kurt: Rückblenden. Von der Arbeiterbühne zum Film. Zürich 1975.

Hammer, Stephan: «Wärst Du doch zu Haus geblieben!» Otto Heinrich Weissert, das Cabaret Cornichon und der Kampf ums Bleiberecht. In: Bundesamt für Flüchtlinge (Hg.): Prominente Flüchtlinge im Schweizer Exil. Bern 2003.

Hesse-Rabinovitch, Isa: Das grosse Spiel Film. Bern 1998.

Huonker, Gustav: Literaturszene Zürich. Menschen, Geschichten und Bilder, 1914–1945. Zürich 1985.

Keiser, César: Wer lacht, lebt länger. Mein Cabaret-Jahrhundert. Bern 2001.

Keller, Verena; Rellstab, Felix: 50 Jahre Schauspiel-Akademie Zürich. Festschrift zum 50-jährigen Jubiläum der Schauspiel-Akademie Zürich (SAZ). Genossenschaft Schauspiel-Akademie Zürich (Hg.). Zürich [o.D., ca. 1987].

Lareau, Alan Hartland: An unhappy love: The struggle for a literary cabaret in Berlin, 1919–1935. Michigan 1990.

Lenz, Max Werner; Lesch, Walter: Cornichons. Verse aus dem Cabaret Cornichon. Elgg [1937].

Mann, Klaus: Passion eines Menschen. In: Das Neue Tage-Buch, 9. 4. 1938. 357f. In: Sahl, Hans: Jemand. Ein Chorwerk. Gregor Ackermann; Momme Brodersen (Hg.). Berlin 2003.

Mittenzwei, Werner: Exil in der Schweiz. Kunst und Literatur im antifaschistischen Exil, 1933–1945. Bd. II. Leipzig 1981.

Nef, Albert: Fünfzig Jahre Berner Theater. Das Berufstheater in Stadt und Kanton Bern in der ersten Hälfte des 20. Jahrhunderts. Bern 1956.

Pezold, Klaus (Hg.): Geschichte der deutschsprachigen Schweizer Literatur im 20. Jahrhundert. Edition Literatur- und Kulturgeschichte. Volk und Wissen. Berlin 1991.

Rueb, Franz: Alfred Rasser. Eine Monographie. Zürich 1975.

Sahl, Hans: Jemand. Ein Chorwerk. Nach dem Holzschnittzyklus «Die Passion eines Menschen» von Frans Masereel. Mit der Musik von Tibor Kasics. Materialien und Selbstzeugnisse. Gregor Ackermann, Momme Brodersen (Hg.). Akte Exil. Bd. 4. Berlin 2003.

Schröder, Heribert: Tanz- und Unterhaltungsmusik in Deutschland, 1918–1933. Bonn 1990.

Stern, Martin: Musiktheater. In: Hans Amstutz, Ursula Käser-Leisibach, Martin Stern: Schweizertheater. Drama und Bühne der Deutschschweiz bis Frisch und Dürrenmannt, 1930–1950. Theatrum Helveticum 6, Andreas Kotte (Hg.). Zürich 2000.

Tschanz, Peter: Alles zum Applaus. 100 Jahre Stadttheater Bern. Bern [2003].

Vaucher, Charles Ferdinand: «Aus meiner linken Schublade». Erzählungen eines Lebens. Mit Zwischentexten von Peter Kamber. Stiftung Studienbibliothek zur Geschichte der Arbeiterbewegung, Zürich (Hg.). Zürich 1996.

Weber, Paul: Das Deutschschweizer Hörspiel. Geschichte – Dramaturgie – Typologie. Zürcher germanistische Studien. Bd. 46. Bern 1995.

Weissert, Otto (Hg.): Das Cornichonbuch, 1934–44. Basel 1945.

Zuppinger, Mabel: Das Modetheater. In: Schweizerische Landesausstellung 1939 Zürich (Hg.): Die Schweiz im Spiegel der Landesausstellung. Bd. 2. Zürich 1940.

MUSIKNACHWEIS

1. *Schlangenzauber,* Musik zum Experimentalfilm von Isa Hesse-Rabinovitch, Interpretation: Joana Emetz, 1984, 2'03
2. *Dällenbach Kari,* Musik zum Spielfilm von Kurt Früh, 1970, 0'40
3. *Oerlikon,* Radio-Musical «Nous irons à Oerlikon», Liedtext: Jürg Amstein, Interpretation: Lys Assia, 1955, 2'40
4. *Schlangenzauber,* Musik zum Experimentalfilm von Isa Hesse-Rabinovitch, Interpretation: Joana Emetz, 1984, 2'50
5. *Postlied,* Radio-Musical «Das verlorene Lied», Liedtext: Jürg Amstein, Interpretation: Simone Müller, 1956, 1'57
6. *Ernst Teigwaren,* Musik zum Fernseh-Werbespot der Ernst Teigwaren AG, 1967, 0'44
7. *Der alte Emil,* Cabaret Cornichon, Autor: Walter Lesch, Interpretation: Emil Hegetschweiler, 1936, 5'01
8. *Glasmenagerie,* Musik zum Radio-Hörspiel, Autor: T. S. Maugham, 1963, 1'05/*Das kalte Herz,* Musik zum Radio-Hörspiel, Autor: Wilhelm Hauff, 1964, 1'19
9. *Fahrt ins Glück,* Musik zum PTT-Werbefilm, Autor: Fredy Bruggmann, 1958, 1'09
10. *Glasmenagerie,* Musik zum Radio-Hörspiel, Autor: T. S. Maugham, 1963, 0'35
11. *Einsamkeit,* Volkslied aus Siebenbürgen, Musiksendung Radio Beromünster, Musik: Zoltan Kodály, Instrumentierung und Interpretation: Tibor Kasics, 1944, 3'36
12. *Marius, Fanny, César,* Konzertsuite für Radio-Hörspiel, Autor: Marcel Pagnol, 1960, 1'17
13. *Jours passés,* Chanson, Autor unbekannt, Interpretation: Tibor Kasics, Probeaufnahme 1955, 2'21
14. *Glasmenagerie,* Musik zum Radio-Hörspiel, Autor: T. S. Maugham, 1963, 0'35
15. *Anna Lavinias wunderbare Reise,* Musik für Kinder-Hörspiel, Autor: Palmer Brown, Interpretation: Verena Billeter-Guggenbühl, 1976, 2'37
16. *Stunden im Garten,* Vignetten für Oboe solo, Hörbild nach einer Verserzählung von Hermann Hesse, Interpretation: Peter Fuchs, 1972, 1'17
17. *Jemand,* Weltliche Kantate nach Holzschnitten von Frans Masereel, Autor: Hans Sahl, 1938 (Live-Mitschnitt der erstmaligen Wiederaufführung im Rahmen der Zürcher Junifestwochen, 1988), 6'10
18. *Schlangenzauber,* Musik zum Experimentalfilm von Isa Hesse-Rabinovitch, 1984, 0'35
19. *Les amours de nos vacances,* Radio-Musical «Das verlorene Lied», Liedtext: Jürg Amstein, Interpretation: Joe Roland, 1955, 3'13
20. *Mövenpick,* Werbelied für Mövenpick AG, Autor: Werner Wollenberger, Interpretation: Joe Roland, 1966, 2'24
21. *Dällenbach Kari,* Musik zum Spielfilm von Kurt Früh, 1970, 2'45
22. *Undereinisch,* Cabaret Cornichon, Autor: Walter Lesch, Interpretation: Mathilde Danegger, 1935, 2'45
23. *Orpheus,* Musik zum Theaterstück von Hansjörg Schneider, Interpretation: Barbara Seibold, 1985, 2'06
24. *Glasmenagerie,* Musik zum Radio-Hörspiel, Autor: T. S. Maugham, 1963, 0'33
25. *Der hilflose Mensch,* Chanson von Albert Ehrismann, Interpretation: Tibor Kasics, Probeaufnahme 1968, 4'36
26. *Glasmenagerie,* Musik zum Hörspiel von Radio Beromünster, Autor: T. S. Maugham, 1963, 0'38

BILDNACHWEIS

Umschlag: Privat-Archiv Ulla Kasics, Zürich

1 Privat-Archiv Ulla Kasics, Zürich (Foto: Erich Comeriner, Berlin)

2–5 Privat-Archiv Ulla Kasics, Zürich

6 Privat-Archiv Ulla Kasics, Zürich (Foto: Lore Feininger, Berlin Charlottenburg)

7 Privat-Archiv Ulla Kasics, Zürich (Foto: Cl. Behncke, Berlin)

8 Privat-Archiv Ulla Kasics, Zürich (Foto: Cami Stone, Berlin)

9 Privat-Archiv Ulla Kasics, Zürich (Foto: New York Times, Berlin)

10 Privat-Archiv Ulla Kasics, Zürich (Foto: Erich Comeriner, Berlin)

11 Privat-Archiv Ulla Kasics, Zürich

12 Privat-Archiv Ulla Kasics, Zürich (Foto: Lore Feininger, Berlin)

13 Privat-Archiv Ulla Kasics, Zürich

14 Privat-Archiv Ulla Kasics, Zürich (Foto: Deutscher Photo-Dienst, Umbo Dephot)

15 Privat-Archiv Ulla Kasics, Zürich (Foto: Brunhuber Géza, Budapest)

16–22 Privat-Archiv Ulla Kasics, Zürich

23 Holbein-Verlag (Foto: Michael Wolgensinger, Zürich)

24 Privat-Archiv Ulla Kasics, Zürich (Foto: Erismann, Bern)

25–27 Privat-Archiv Ulla Kasics, Zürich

28 Privat-Archiv Ulla Kasics, Zürich (Foto: Reisner)

29 Privat-Archiv Ulla Kasics, Zürich (Foto: Diener-Bischoff)

30 Privat-Archiv Ulla Kasics, Zürich

31 Deutsches Literaturarchiv Marbach

32 Privat-Archiv Ulla Kasics, Zürich

33 Privat-Archiv Momme Brodersen, Palermo

34 a,b Europa Verlag Zürich

35 Privat-Archiv Ulla Kasics, Zürich (Foto: Erismann, Bern)

36 Privat-Archiv Ulla Kasics, Zürich (Foto: W. Brückner, Basel)

37 Privat-Archiv Ulla Kasics, Zürich (Foto: Erismann, Bern, Collage: Herm. Denz, Bern)

38 Privat-Archiv Ulla Kasics, Zürich (Foto: M. Maurer-Früh, Zürich)

39 Privat-Archiv Ulla Kasics, Zürich (Foto: Beyeler Foto Kino, Zürich)

40 Privat-Archiv Ulla Kasics, Zürich (Foto: Guggelmann)

41 Privat-Archiv Ulla Kasics, Zürich (Foto: PUK)

42, 43 Privat-Archiv Ulla Kasics, Zürich

44 Privat-Archiv Ulla Kasics, Zürich (Foto: Thierstein, Bern)

45 Privat-Archiv Ulla Kasics, Zürich (Foto: ATP Bilderdienst, A. Pfister, Zürich)

46 Privat-Archiv Ulla Kasics, Zürich (Foto: ATP Bilderdienst, A. Pfister, Zürich)

47 Privat-Archiv Ulla Kasics, Zürich (Foto: Candid Lang, Adliswil)

48 Privat-Archiv Ulla Kasics, Zürich (Foto: Erika Faul-Symmer)

49 Privat-Archiv Ulla Kasics, Zürich (Foto: Candid Lang, Adliswil)

50 Privat-Archiv Ulla Kasics, Zürich (Foto: W. Koch Optik, Zürich)

51 Privat-Archiv Ulla Kasics, Zürich

52, 53 Archiv der Praesens-Film-AG, Zürich

54 Privat-Archiv Ulla Kasics, Zürich

55 Privat-Archiv Peter Ackermann, Zürich

56 Privat-Archiv Ulla Kasics, Zürich (Foto: Leonard Zubler)

57 Privat-Archiv Kaspar Kasics, Zürich

58, 59 Privat-Archiv Ulla Kasics, Zürich